Книга Тельца

Все, что нужно знать об этом знаке зодиака.

Алина А. Руби и Анжелина Руби

Издается самостоятельно

Авторское право: © 2023
Авторы: Алина А. Руби и Анжелина Руби
Электронная почта: rubiediciones29@gmail.com

Кто такой Телец?

Сроки проведения: 20 апреля — 21 мая

День: пятница

Цвет: зеленый

Элемент: Земля

Совместимость: Рак, Дева, Скорпион, Козерог

Символ: ♉

Режим: фиксированный

Полярность: женская

Правящая планета: Венера

Дом: 2

Металл: медь

Кварц: розовый кварц, изумруд, дымчатый кварц

Созвездие: Телец

Что означает "Телец"?

Телец представлен символом Тельца - лицом и рогами Тельца. Предполагается, что происхождение этого изображения восходит к древним наскальным рисункам, датируемым 1500 годом до н. э., однако наиболее определенная теория связывает Тельца с формой созвездия Тельца. Каким бы ни было происхождение, Телец тесно связан с плодородием, ростом и миром, соотносясь с началом весны и расцветом жизни. Именно в это время года природа дарит наибольшие блага и самые щедрые урожаи. Наблюдая за Тельцами в их повседневной жизни, можно убедиться, насколько точно они представляют себе Тельцов. Тельцов всегда можно встретить отдыхающими на природе, в окружении мира, спокойствия, умиротворяющих ароматов и сочных вкусов. Если это не лучшее описание Тельца в его естественной среде обитания, то мы не знаем, что это такое.

Мифология

В мифологии Цереус был странствующим, отшельником, диким Тельцом, у которого не было хозяина. Однажды Персефона, богиня весны, увидела, что он плохо обращается с цветами, и подошла к нему. Красота и доброта молодой женщины успокоили его, и животное полюбило ее. Персефона приручила Цереуса, воспитала его, научила быть терпеливым и талантливо использовать свою силу.

Осенью, когда Персефона ушла в Аид, Цедра поднялась на небо и превратилась в созвездие Тельца. Каждый год с наступлением весны Персефона возвращается на Землю, и Цедра присоединяется к ней. В это время богиня садится ей на спину, идет по залитым солнцем полям и заставляет распускаться все растения и цветы.

Венера, планета-управитель Тельца

Венера - богиня любви. Венера управляет знаками Весов и Тельца. Венера связана с двумя основными сферами нашей жизни: любовью и деньгами. Любовь и деньги — это упрощенная интерпретация Венеры. Венера управляет тем, что мы ценим, и удовольствием от жизни. Венера управляет грацией, шармом и красотой. Через Венеру мы можем узнать свои вкусы, удовольствия, художественные наклонности и то, что делает нас счастливыми.

Камни или кварц для Тельца

Дымчатый кварц. Он является божественным символом на этом физическом плане. Этот мистический кварц подарит вам много света. Это кварц медиумов, спиритуалистов и алхимиков, поскольку он разрушает весь негатив. Он связан с психическим планом, является самым примитивным в мире и представляет собой оракул.

Он защитит вас от самых неблагоприятных энергий, таких как зависть, гнев и разрушительные мысли.

Это самый эффективный энергетический целитель на планете, он испаряет, усиливает, защищает и формирует энергию, а также чудесным образом разблокирует ее. Он преобразует энергию в чистейшее состояние.

Изумруд. Зеленый цвет этого камня как нельзя лучше отражает характер Тельца. Это цвет богатства, что очень нравится Тельцам.

Физические характеристики Тельца

Он обладает гармоничными, чувственными и яркими чертами. У женщин, как правило, большая грудь, у мужчин - толстая спина.

У обоих могут быть пухлые руки и ноги, блестящие волосы. К характерным чертам Тельца относится округлое лицо с чувственными губами. Волосы у них густые и здоровые, а шея будет как-то выделяться.

Многие Тельцы имеют округлый нос. Они могут быть длинными и гладкими или толстыми, что придает им невероятную силу в верхней части тела. Тельцы любят модно одеваться и носить дизайнерскую одежду, выделяясь из толпы своим безупречным стилем.

Это физически активный знак, поэтому у него, скорее всего, будет мускулистое и привлекательное тело.

Женщина-Телец в физическом плане

Женщины-Тельцы привлекательны, обладают яркой индивидуальностью. Их главные черты - верность, постоянство и решительность. Они знают, чего хотят, и не останавливаются, пока не добьются своего. Эти качества, а также чувствительность и способность к эмоциональному контакту с людьми делают их очень привлекательными женщинами.

Женщины-Тельцы физически привлекательны. Они обладают прекрасным чувством моды и тщательно следят за своим имиджем. Они очень женственны и чувствуют себя комфортно в своей шкуре.

Здоровый образ жизни помогает им оставаться в форме и выглядеть блестяще.

Мужчина-Телец в физическом плане

Мужчина-Телец обладает мускулистым телом. В зрелом возрасте из-за своих привычек он, как правило, набирает несколько лишних килограммов. Но в молодости у него хорошая фигура.

Чувствительные зоны Тельца

Тельцы, как правило, очень страстны и не торопятся получать удовольствие. Поэтому, если ваш партнер - Телец, важно, чтобы вы были терпеливы с ним и дарили ему ласки, в которых он нуждается. Этот знак связан с шеей, горлом и затылком — это самые горячие зоны.

Ничто так не волнует Тельца, как то, что вы шепчете ему на ухо, чувствуете горячее дыхание на его лице, когда к нему прикасаются и нежно массируют горло и верхнюю часть плеч.

Личность Тельца

Ими управляет Венера, которая выражает в этом знаке наиболее сладострастную и плотскую сторону их натуры. Таурина олицетворяют полноту весны и плодородие земли.

Следовательно, каждое его действие не может быть самоцелью, а должно приводить к видимому и конкретному результату.

Работа, в частности, становится для них средством всегда иметь больше, каких бы усилий и жертв она ни требовала. Они одинаково наслаждаются работой и развлечениями, усталостью и отдыхом.

Чувственные и жадные, они почти всегда умеют скрыть эту особенность за обдуманной позицией, которая, в конечном счете, защищает их от нападок инстинктов, которые могут быть сильными и трансгрессивными. На самом деле здравый смысл помогает этим людям во всех проявлениях их жизни, и особенно в трудные времена. Обладая огромной устойчивостью к усталости, они умеют работать, не теряя из виду своих ближайших интересов и цели, которую поставили перед собой.

Их постоянство и упорство, которые вряд ли можно сравнить, сочетаются с сильным стремлением быть всегда вознагражденным. Трудно найти Тельцов, которые, даже выйдя из абсолютной нищеты, не достигли финансовой стабильности. Владение становится для них безопасностью.

Не имея возможности встать на твердую и надежную опору, таурина идут вслепую и чувствуют себя несчастными. Им нужна надежная опора, собственный дом, деньги, которые принадлежат им. Поэтому они готовы преодолевать любые препятствия, чтобы добиться своего. Поставив перед собой цель, они идут четко, медленно и мощно, как вооруженные танки, не обращая внимания на то, что стоит между точкой отсчета и их целью.

Умные и практичные, они не легко отвлекаются на фантазии и способны достичь как можно большего результата.

Хотя они не отличаются особой сообразительностью, но, столкнувшись с препятствием, даже если оно больше, чем ожидалось, они с большим терпением преодолевают его.

Телец в отношениях. Общие сведения

Тельцы упрямы и всегда жестко придерживаются своего мнения. Они любят стабильность и поэтому с трудом принимают перемены и приспосабливаются к ним. Однако они встречают их решительно, не позволяют себе опускаться в щекотливые моменты, потому что их сила воли сильнее страха.

Таурина, как правило, практичные и предусмотрительные люди, не терпящие перерывов в работе. Они прирожденные экономные и избегают долгов.

Это, как правило, мирные, спокойные люди с сильным чувством справедливости. Они любят искусство, музыку и все, что считают красивым.

Тельцы влюблены в жизнь и являются борцами, проходя через сложные ситуации, они не сдаются и продолжают их преодолевать.

Телец в отношениях

В Тельца легко влюбиться. Этот знак - чистая страсть. Тельцы, управляемые Венерой, планетой любви, любят хорошую жизнь и никогда не согласятся на меньшее, чем заслуживают, за что и получили звание самого упрямого знака Зодиака.

Тельцы, управляемые Венерой, любят романтику, умеют очаровывать и любят, чтобы их очаровывали, поэтому, естественно, умеют соблазнять. Телец страстен, серьезно относится к своим обязанностям и хочет иметь партнера на всю жизнь, поскольку очень традиционен.

Ничто так не возбуждает Тельца, как чувство защищенности.

Тельцов любят за стабильность, приземленность и честность. Очень важно помнить, что для верности Тельца нужно кормить и поить так, как будто завтра не наступит. Поскольку Телец так тесно связан с Венерой, его форма соблазнения вращается вокруг эротики, так что, если вы готовы заставить его влюбиться, приготовьтесь к комплексному путешествию через отголоски и ароматы.

Поскольку Телец так тесно связан с материальным миром, ему нравится выражать свое восхищение через подарки, и он никогда не решится подарить Вам дешевую вещь. Телец выразит свое восхищение подарком, от которого захватывает дух. Это не совсем альтруизм, он ожидает чего-то взамен.

Тельцу необходимо знать, что Вы заботитесь о нем и что эти отношения взаимны. В конце концов, каждый раз, когда Телец выражает симпатию или антипатию, он ожидает, что Вы это запомните. Обращайте пристальное внимание на высказывания партнера-Тельца, даже делайте заметки. Если она намекнет, что любит тыквенный фланг, значит, она будет ждать, что вы ее угостите.

Хотя Тельцу присуща чувственность, очень важно не переступать границы дозволенного. Более того, этот земной экземпляр будет очень настороженно относиться к людям с грубым подходом, поэтому не торопитесь завоевывать их доверие.

Тельцы, когда речь идет о любви, не торопятся, поэтому воспользуйтесь возможностью спокойно двигаться вперед, позволяя отношениям развиваться естественным образом.

Он не спешит открываться, потому что получает удовольствие от самого процесса, а влюбленность для этого дитя Венеры - невероятно волшебное, стоящее переживание. Телец ценит надежность и тяготеет к партнерам, разделяющим его взгляды на финансы, карьеру и семью.

Поскольку все это так важно для них, то их намерения легко определить с самого начала. Так, если на третьем свидании Телец спросит Вас о Ваших доходах, карьерных устремлениях или доме Вашей мечты, Вы можете быть уверены, что он заинтересован в серьезном развитии событий.

Секс для Тельца - очень важная вещь. Соответственно, не так важен сам акт, как его подготовка.

Прелюдия — это то, что возбуждает его больше всего, и, как и все остальное в отношениях с этим ребенком Венеры, она должна быть полным чувственным опытом. Не забывайте и о том, что Тельцы любят традиции, и эти освященные жесты обожания будут восприняты на ура и создадут настроение для чрезвычайно страстного вечера.

Эрогенная зона Тельца - шея, поэтому поцелуи в эту область приведут его в бешенство.

Хотя Тельцу нравится быть с партнером, ему также необходимо много времени наедине с собой, чтобы побаловать себя, он серьезно относится к ритуалам ухода за собой и, особенно если его пространство находится под угрозой, может стать весьма собственником своего окружения.

Никогда не трогайте священные предметы Тельца. Для него взять что-то без разрешения — это объявление войны.

Этот знак придает большое значение каждому своему имуществу, заботится о каждой вещи, и это может быстро перерасти в легкое накопительство. Ни в коем случае не выбрасывайте вещи, принадлежащие Тельцам. Не стоит рисковать из-за их гнева. А при их роскошных вкусах выбрасывать практически ничего не стоит.

Для Тельца качество важнее количества. Другими словами, вашему партнеру-Тельцу будет все равно, сколько у вас кошельков, лишь бы они были роскошными.

Когда речь идет о долгосрочных отношениях с Тельцом, деньги имеют значение. Конечно, это не означает, что его привлекают исключительно миллионеры.

На самом деле, объект не так уж и важен. Важно то, как ваш партнер зарабатывает и сохраняет свои доходы.

Не забывайте всегда отмечать заслуженные успехи своего партнера-Тельца.

Этот знак кажется немного сложным, но как только вы начнете приспосабливаться к такому образу жизни, вы тоже поймете, что все это оправдано.

Тельцы любят еду, путь к сердцу Тельца лежит через желудок, поэтому самые чувственные отношения всегда будут включать в себя изысканные блюда.

Тельцы в роли родителей

Родители-Тельцы любят своих детей превыше всего. Это очень семейные люди, хотя иногда они склонны проявлять чрезмерную заботу о воспитании своих детей.

Напротив, лично они очень упрямые люди, но в то же время у них большое сердце. Об этом свидетельствует то, как ласково они относятся к своим детям.

Родители-Тельцы не давят на своих детей, но, когда их малыши в чем-то преуспевают, они очень гордятся и склонны хвастаться этим.

Одна из вещей, которую могут перенять дети родителей-Тельцов, — это любовь к природе. Будучи знаком, связанным с землей, они любят сельский туризм и удовольствие от хорошей, разнообразной и сбалансированной пищи.

Родители-Тельцы настойчивы, иногда немного упрямы, для них ценность усилий - одна из важнейших добродетелей.

Если ваш ребенок - Телец, то вы уже можете составить представление о том, каким он будет, когда вырастет, каковы будут его недостатки и достоинства.

Тельцы как сыновья

Если вам посчастливилось стать родителем Тельца, считайте, что вы счастливы. Дети-Тельцы - одни из самых легких в воспитании и могут вырасти уникальными людьми. Зная с раннего возраста все, что нужно знать об этом знаке, родители смогут развить в ребенке все его способности и помочь ему эффективно развить свои сильные стороны.

Характер вашего ребенка начинает проявляться с самого раннего возраста, даже в младенчестве.

Дети-Тельцы начинают свою жизнь и по-другому подходят к каждому своему действию. Они не похожи на других детей, которых вы можете встретить. Они могут быть очень тихими и даже застенчивыми.

Чтобы воспитать Тельца, нужно учитывать как его эмоциональные, так и логические качества. Они не всегда выражают свои чувства словами. Это проявляется скорее в их действиях и в том, как они взаимодействуют с родителями, другими членами семьи или даже с разными людьми в своем социальном окружении, когда они еще дети.

Иногда необходимо дать им свободу, чтобы они чувствовали себя комфортно и могли быть спокойны за себя. Если один из родителей - Телец, он может понимать потребности своего ребенка даже лучше, чем он сам.

Воспоминания о том, каково это - быть земным ребенком, и о том, как иногда может казаться, что никто в мире не понимает твоих мыслей и чувств, могут оказаться весьма полезными для родителей в воспитании ребенка-Тельца.

Ребенок-Телец обладает широким спектром смелых черт характера. Они упрямы, эмоциональны, ласковы и теплы. Они практически рождены для того, чтобы вырасти в роли семейных людей.

Они могут иметь глубокую связь со своими матерями, но любят всех членов своей семьи только за то, что их связывают кровные узы.

Кроме того, они относительно спокойны, поэтому не будут раздражать, как другие дети, и вряд ли станут досаждать вам, даже если их что-то разозлит.

Преподавать им урок будет несложно, так как они любят слушать и следовать правилам.

В целом это послушные дети, которые, скорее всего, станут успешными взрослыми с большим потенциалом.

Любовь и интимная жизнь Тельца

Тельцы - терпеливые люди, обладающие глубокой преданностью и большим чувством доверия. Поэтому, если вы хотите завоевать сердце Тельца, вы должны оставаться верным его ценностям. Для этого лучше всего узнать их темперамент и предпочтения.

Тельцы - практичные и конкретные люди, которым нравится жить в безопасной обстановке, где они чувствуют себя комфортно. Поэтому, если Вы хотите завоевать сердце Тельца, Вы должны продемонстрировать свою приверженность постоянству, безопасности и доверию. Это означает, что Вы должны быть терпеливы и постоянно демонстрировать им свою лояльность.

Кроме того, Тельцы - романтичные люди, поэтому один из лучших способов завоевать их сердце — это уделять им внимание и проявлять к ним свою привязанность. Если вы покажете им, что они вам интересны и что вы их уважаете, то у вас будут все шансы завоевать их сердце.

Тельцы любят проводить время с любимыми людьми и наслаждаться обществом друг друга. Им нравится спокойная и стабильная жизнь, и они способны на долгосрочные обязательства перед теми, кого по-настоящему любят. Для Тельцов любовь — это серьезная вещь, и они не будут относиться к своим отношениям легкомысленно.

Для Тельцов эмоциональная стабильность является ключом к счастливым и длительным отношениям. Им необходимо чувствовать себя в безопасности и защищенными в отношениях. Они нуждаются в уважении и понимании, и люди, способные предложить им это, могут стать верными и преданными партнерами на всю жизнь.

Мужчина знака Телец

Их отличают трудолюбие и терпимость. Как и все великие труженики и творцы, они ставят перед собой задачу исправить мир, приблизить его к

тому идеальному образу, который они себе
представляют.
Телец знает, что все его действия имеют
последствия, и поэтому умеет действовать
наилучшим образом, с наибольшей силой и с
полной честностью.

Когда речь идет о любви, мужчины-Тельцы
воспринимают своего партнера как пожизненное
обязательство. Они верят не столько в любовь с
первого взгляда, сколько в любовь, которая
строится день за днем, мгновение за мгновением,
делами.

Влюбленные Тельцы не дают обещаний, они
предугадывают желания партнера и воплощают их
в жизнь действиями и поступками. Они не очень
ласковы, но их поступки говорят сами за себя. Они
любят быть кормильцами и не сдаются, пока
женщина их мечты не почувствует, что о ней
заботятся как о королеве.

Такая самоотдача делает их прекрасными и
внимательными родителями, которые внимательно
следят за жизнью своих детей и иногда совершают
излишества, например, пытаются прожить их
жизнь за них, устраняя все препятствия на их пути.

Они слишком опекают и терпят своих детей, что
может привести к их избалованности. Эти

недостатки они компенсируют беззаветной любовью и полной преданностью семье и дому.

Мужчины-Тельцы - неутомимые труженики, и в этом качестве, возможно, заключается их главный недостаток. Они настолько увлечены своей работой, что могут забыть о том, что есть и другие дела, другие способы жизни и другие способы использования своего времени. Эта одержимость может разлучить их с теми, кто их любит. Им необходимо знать баланс: жизнь стоит только там, где есть любовь и счастье.

Быть рядом с Тельцом — значит быть рядом с человеком, который ценит труд и борьбу, не знает поражений, считая, что каждый человек сам творит свою судьбу.

Кроме того, Телец — это идеальный баланс между разумом и чувствами, между рассудительностью и чувствительностью, между практичностью и чувственностью. Все эти характеристики обусловлены стихией Земли и ее управителем Венерой, планетой любви. Обычно ему трудно выразить свои чувства, но это не значит, что их нет.

Женщина знака Телец

Женщины, родившиеся под знаком Тельца, - самые верные и преданные представительницы зодиака. Они также являются одними из самых трудолюбивых и ответственных людей на свете, ведь каждая их обязанность — это повод для жизни.

На самом деле, большая проблема женщин-Тельцов заключается в том, что они очень серьезно относятся к жизни и ставят честь и выполнение своих обязательств превыше всего. Им часто не хватает времени, чтобы насладиться тем, что предлагает жизнь.

Женщины-Тельцы просты и независимы, любят достойную жизнь, в которой роскошь — это только ненужная роскошь. Они верят в учебу, работу и усилия, возможно, даже слишком сильно, и поэтому не замечают, как радуются мелочам.

Если что и связывает женщин-Тельцов в конфликтных отношениях, так это их вера в людей - они верят, что каждый человек может измениться, и часто на протяжении всей жизни берутся отстаивать заведомо проигрышные дела.

Однако, несомненно, одно: в серые времена нет лучшего союзника в жизни, чем женщина знака Тельца.

Для женщин-Тельцов всему свое время, и они склонны очень серьезно относиться к отношениям и обязательствам. Когда они случаются, и они отдают себя им, нет такой силы, которая могла бы разлучить их с любимыми людьми.

По природе своей домоседы, они мечтают о доме и нескольких детях. Они склонны вкладывать в это все свои силы, никогда не сидят на месте и часто разрываются между работой и домом.

Это любящие матери, которые всегда держат своих детей за руку на всех этапах их жизни, и дочери, которые чтят своих отцов. Они верят в святость уз и способны отдать все силы за своих.

Лучшие профессии, которые может выбрать женщина-Телец, связаны с терпеливой работой и наблюдательностью.

Для женщин-Тельцов приоритеты очевидны, как и чувство долга. Во имя обещаний или чувства долга они способны отложить жизнь на потом и упустить прекрасные возможности. Дело не в том, что они легковерны, а в том, что они верят в доброту людей и мира. Это не слабость, а величайшее проявление силы, на которое мы способны как люди.

Сексуальные сценарии для Тельца

Для мужчин - женственные женщины, проявляющие эротическую инициативу, медленный, домашний секс, пассивное соблазнение и пассивная анальная игра.

Для женщин - эротическое белье, шелковые простыни, богатые и влиятельные мужчины, роль роскошной проститутки.

Мужчины любят дерево, открытый кирпич, деревенскую мебель и комнатные растения в глиняных горшках.

Для того чтобы женщины чувствовали себя комфортно, им необходима изысканная обстановка, возможно, с легким блеском. В этом случае, если это дерево, оно должно быть отполировано, а открытые кирпичи - покрыты лаком. Первозданность: цветы вместо зеленых комнатных растений.

Секс с Тельцом — это время замедлиться и соединиться со своими чувствами. У Тельцов, как правило, есть свой плейлист для занятий любовью, а если вы приготовите разнообразные закуски для перекуса между половыми актами, то наверняка произведете хорошее впечатление.

Чем дольше вы можете продлить занятие любовью, тем лучше. Они, безусловно, могут доминировать в постели, однако им также очень нравится, когда их ошеломляют, когда кто-то проявляет инициативу. Им нравится, когда их обожают, ласкают и балуют.

Телец с Овном в сексе

В Овне для Тельца есть что-то опасное, даже загадочное. Овны вносят оживление в их жизнь и являются для них полными загадками. Как можно быть настолько продвинутым человеком, которого в то же время так трудно расшифровать? Для Овна ухаживание за Тельцом может оказаться тяжелым испытанием.

Телец движется очень медленно, и Овен к этому не привык. Но в спальне этот медленный темп приятен. Телец пытается научить Овна замедляться и чувствовать то, что происходит между простынями.

Энергия в постели — это смесь чувственности Тельца и огня Овна, ритм отличается от того, к которому они привыкли, но иногда перемены — это то, что им нужно.

Овну не следует бояться открыться Тельцу и поделиться с ним секретом или двумя, а Тельцу следует приложить усилия, чтобы наладить контакт с Овном, особенно если он хочет заслужить его доверие.

Овен подталкивает Тельца к исследованию скрытых частей себя, которые Телец предпочел бы оставить неизученными. Вместе они обладают потрясающим чувством юмора.

Овен узнает от Тельца много нового о том, как заботиться о себе в практическом и финансовом плане. Если вы решите жить вместе, то ваш дом будет уютным. Телец позаботится о том, чтобы в вашем доме был хороший уход, красивые предметы.

Овну нужно только пообещать, что любимые блюда Тельца останутся в запасе. Пока эти два знака могут поддерживать свою страсть, они могут смеяться и веселиться в спальне.

Телец с Тельцом в сексе

Когда встречаются два Тельца, может потребоваться время, чтобы все наладилось, но крепкая дружба, которую они завязывают, того стоит.

Как правило, у них есть общие интересы, а лучшим признаком того, что отношения наладятся, является возможность заглянуть в гардероб друг друга и увидеть свое отражение в одежде партнера.

Вкус важен для Тельцов не потому, что они поверхностны, а потому, что они вовлекаются в процесс через свои чувства, которые окрашивают все их переживания. Важно, чтобы эти двое мотивировали друг друга, так как им нужен человек, способный побудить их попробовать что-то новое.

Оба стремятся быть новаторами в своей области, а дома создают роскошное пространство. Им нравится, что у них с партнером есть рутина и время, чтобы регулярно радоваться маленьким традициям или суевериям.

Иногда они пытаются упрямиться друг с другом, но, скорее всего, совершенно забывают о том, что зашли в тупик, и только потом уступают. Эти двое могут весь день проваляться в постели, лениво переходя от секса к завтраку, от объятий к обеду и сексу. В любой момент в их постели может оказаться множество секс-игрушек или куча одежды.

Тельцы имеют репутацию ленивых людей, но когда они приходят домой с работы, то творят прекрасные вещи.

Телец с Близнецами в сексе

Нет никого, кто бы вызывал у Близнецов большее недоумение, чем Телец. Любопытные, разговорчивые и часто нервные, Близнецы смотрят на холодного и спокойного Тельца и удивляются, как можно достичь такого спокойного состояния души.

Конечно, у Тельца много забот, и в характере Близнецов есть что-то такое, что наносит удар по самолюбию Тельца. Близнецы очень легковесны. Проведя с Близнецами больше одной ночи, Телец наверняка задумается о том, сможет ли он устоять на ногах с таким гибким, остроумным и классным человеком.

Никогда не пытайтесь изменить свои взгляды ради кого-то, это все равно противоречит Вашей природе. Сексуальная жизнь у вас будет насыщенной, и, хотя Тельцы обычно не стремятся вырваться из привычной колеи, вы получите удовольствие от общения с разносторонними

Близнецами, которые привносят в постель электрическую энергию.

Тельцам не помешает показать, насколько они артистичны и культурны. Близнецам нравится находиться рядом с творческим человеком, который разбирается в искусстве и культуре. Близнецам следует проявить свою любознательность, а также помочь Тельцу укрепить уверенность в себе.

Если это просто короткая интрижка, то она будет особенно жаркой - Близнецы любят все, где нужно стараться не попасться, а Тельцов заводят интриги.

Если они решат жить вместе, им нужно будет выделить место для Тельца, чтобы он мог расслабиться, как королевская особа, а также место для работы Близнецов. Беспокойство Близнецов может немного раздражать Тельца, но, если Близнецы смогут предложить стабильность и верность, которых жаждет Телец, они оба смогут обрести счастье!

Телец с Раком в сексе

Потребность Тельца в безопасности и уютном доме прекрасно сочетается с любовью Рака к семейной жизни. Тельцу кажется, что Рак живет полной и насыщенной жизнью: ему нужно что-то делать, принимать решения, куда-то идти. При таком количестве дел у Рака будет разное настроение.

Рак считает Тельца не упрямым, а надежным и очень крутым. Они восхищаются Тельцами за их познания в области искусства и культуры, за уникальное видение будущего.

Эти двое - лучшие друзья и страстные любовники: воображение Рака встречается с чувственностью Тельца, и они получают многочасовое удовольствие. Однако им следует остерегаться пассивно-агрессивного отношения.

Они могут неделями не разговаривать, стараясь превзойти друг друга в молчании. Если им удастся найти компромисс, и они решат жить вместе, их дом будет роскошным, с деревенскими элементами и очень уютным.

Телец со Львом в сексе

Когда Телец и Лев к чему-то стремятся, они полны решимости довести дело до конца. Это веселый союз. Льву нравится встречаться с сексуальным Тельцом, а Тельцу комфортно в теплой ауре Льва.

Ревность придает этому союзу некоторую драматичность, но если они откровенны и честны друг с другом, то небольшая драма не помешает этим двоим. В долгосрочной перспективе Телец найдет во Льве человека, с которым сможет построить дом, а Лев будет вдохновлен решительностью и креативностью Тельца.

Тельца обычно привлекают более меланхоличные типы, чем Льва, но солнечная натура Льва может быть удивительно освежающей для Тельца. Лев также склонен к другому типу, его обычно привлекает кто-то более сумасшедший, более открытый, чем, казалось бы, сдержанный Телец, но Тельцу свойственно удивлять людей.

Эти двое часто встречаются, когда готовы к большим переменам, и предпринимают шаги, чтобы встряхнуться. Стремление Льва к гламуру в сочетании с похотливой энергией Тельца к приятному времяпрепровождению вновь и вновь приносит страсть в спальню.

Это может быть роман "от случая к случаю", но если они решат остаться вместе, то откроют в себе такие стороны, о которых даже не подозревали.

Если они будут жить вместе, Телец может понять, насколько Лев духовен; Телец может удивиться, узнав, что Лев любит гулять в одиночестве, чтобы

помолиться. А Лев узнает, насколько Телец
творческий человек.

Телец с Девой в сексе

Оба они - земные знаки, но очень разные. У
Тельца, любящего роскошь, весь шкаф забит
шикарными полотенцами и простынями из
египетского хлопка, а у Девы - только чистый
ящик с предметами первой необходимости.

Дева экономит свои с трудом заработанные
деньги, готовя дома еду, отвечающую ее пищевым
потребностям, а Телец устраивает выходной день
для всех на шведском столе.

Деву вдохновляет интеллект Тельца, который
Тельца, а с Девой Тельцу очень весело. Если они
хотят произвести впечатление друг на друга, Деве
не помешает раскрыть свою извращенную
сторону, а Тельцу стоит поделиться с
аналитической Девой странным сном, который он
видел, чтобы они попытались его истолковать.

В спальне они жаждут физического удовольствия
в той же степени, что и эмоциональной близости.
Если они не просто встречаются и решают жить
вместе, они согласны на большинство вещей,
кроме качества и количества еды на кухне.

Телец с Весами в сексе

Тельцы и Весы любят все лучшее, но вся роскошь мира не помешает этим двум в итоге завязать одни из самых напряженных отношений в своей жизни.

Даже если их союз окажется лишь короткой интрижкой, присутствие Тельца в жизни Весов вызовет глубокие перемены и трансформации, и Весы уйдут навсегда изменившимися.

В отношениях с Весами Телец также проходит через процессы роста, узнавая, насколько важен баланс между работой и личной жизнью, как важно поддерживать свое здоровье и благополучие.

В окружении Весов Тельцу придстся покончить с вредными привычками, что будет непросто, поскольку Весы разделяют те же пороки, что и Телец: шопинг, приятное времяпрепровождение с друзьями и бездумное погружение в приложения для знакомств.

Лучше всего, если Весы покажут Тельцу свою стратегическую и умную сторону, а Телец займет более амбициозную позицию, а не будет пассивным. В спальне приветствуются зеркала и фотоаппараты, так как эти два тщеславных любовника, сыновья Венеры, будут рады увидеть себя через объектив фотоаппарата своего возлюбленного.

Много игрушек также украсят их пространство. Если вы живете вместе, вам понадобится много места: у вас обоих масса одежды, причем у Тельца в гардеробе полно находок, а у Весов - модных вещей.

Идеальный вечер для Весов — это веселый ужин в новом и интересном ресторане, а затем ночь танцев с любимыми и друзьями, что резко контрастирует с комфортной едой, которой Телец планирует насладиться на террасе во время красивого и спокойного заката. Эти двое влюбленных стремятся к гармонии. Для них очень важен мир, и если они любят друг друга, то найдут его.

Телец со Скорпионом в сексе

Эти двое кажутся парой, созданной на небесах. Скорпиону нужен партнер, которому можно доверять, а Тельцу - глубина, но оба должны быть честны в своих поисках и уважать границы друг друга.

Скорпион жаждет надежного и сильного партнера, ведь мало что в этом мире гарантировано, и партнер, которому он может доверять, очень важен для него, но это не значит, что он не ищет острых ощущений.

Скорпион идеально отражает то, что обычно ищет Телец. Немного сдержанный, страстный и культурный. Однако иногда переполняющие Скорпиона эмоции — это то, к чему Телец может быть не готов. Этим двоим нужно быть осторожными, чтобы не зайти в тупик. Тельцы ищут глубины, и в Скорпионе они найдут ее в избытке.

Оба могут быть собственниками, поэтому при обсуждении этого вопроса нужно проявить смекалку, так как, по иронии судьбы, ни один из них не любит чувствовать себя задушенным.

Чувственный Телец помогает Скорпиону оставаться в моменте и не теряться в собственных мыслях, а Скорпиону интересно изучить все те извращенные действия, которые Телец с удовольствием совершает в постели.

Даже кратковременный роман между ними будет насыщенным и похотливым. Если они решат жить в одном доме, то Тельцу следует заняться его оформлением, а Скорпиону, как сыщику по знаку зодиака, следует позаботиться о безопасности жилища.

Телец со Стрельцом в сексе

Комфорт - одно из любимых слов Тельцов, но со Стрельцом им придется столкнуться с некоторым дискомфортом, будь то тесное пространство для ног в самолете или глубокие разговоры, особенно от секса до духовности, которые заставят Тельцов выйти из своей зоны комфорта.

Для этих двоих неизбежны перемены, если они собираются оставаться вместе более одного романа, хотя один роман окажется сексуально захватывающим.

Стрельцам также придется привыкнуть к некоторому дискомфорту, в том числе научиться справляться с чужой рутиной, а также заняться организацией.

Возможно, трудности — это как раз то, что нужно этим двоим, но, в конце концов, рост - одно из преимуществ отношений.

Стрельцу просто необходимо быть терпеливым с Тельцом, которому требуется время для адаптации к новым ситуациям, а Тельцу необходимо помнить о том, что Стрельцу необходимо постоянно двигаться вперед.

В Тельце Стрелец находит безопасность, о которой не подозревал, а в Стрельце Телец находит человека, которому он может высказать свои страхи, в отличие от всех остальных, кого он когда-либо встречал.

Тельцам трудно дается гибкость, но они должны находить радость в компромиссах, если хотят произвести впечатление на Стрельца. Что касается Стрельца, то он будет признателен, если, объединив усилия с Тельцом, станет чуть менее шумным и чуть более инкогнито.

В постели они делят любовь, много шампанского, много игрушек и много любви. Если они съедутся, Стрелец должен позволить Тельцу делать то, что он хочет.

Телец с Козерогом в сексе

Тельцу нравится интеллект Козерога. Телец знает, как хорошо провести время и почувствовать себя хорошо - то, что Козерог, безусловно, тоже хочет получить, но может испытывать трудности с тем, чтобы побаловать себя.

Но с Тельцом можно найти и теплые объятия, и вкусную еду, и столь необходимый массаж. Даже если это всего лишь интрижка, эти двое найдут способ остаться друг с другом как можно дольше.

В долгосрочной перспективе энергия легка, хотя Козерог может быть раздражен, если ему покажется, что Телец недостаточно амбициозен. Тельца, в свою очередь, может раздражать черно-белый взгляд Козерога на вещи.

По крайней мере, они прекрасно уживутся в спальне, где эти два земных знака часто оказываются в одной и той же фазе, жаждут эмоциональной близости, но при этом стремятся к физическим удовольствиям, используя все извращенные игрушки, белье и безделушки, которые может предложить их любимый секс-шоп.

Венера, управляющая планетой Тельца, - планета любви и красоты, мира и гармонии. Казалось бы, это совсем другая энергия, нежели управляющая планета Козерога - Сатурн, планета тяжелой работы, времени и ограничений. Однако под поверхностью этих двух плоскостей и этих двух знаков скрывается нечто общее: Венера управляет смелостью, а Сатурн - реальностью. Аутентичность — это то, что ищут оба знака, и Тельцы и Козероги могут ее найти.

Телец с Водолеем в сексе

Водолей - бунтарь, поэтому может показаться, что надежность и стабильность не так важны для него, как для Тельца.

Иметь свое пространство и свободу, наслаждаясь при этом стабильным партнерством, — вот представление Водолея об идеальных отношениях. Даже если Водолей просто ищет интрижку, его больше всего привлекает партнер, который демонстрирует силу и мощь.

Тельцу лучше показать ту сторону себя, которая любит немного драматизировать, чтобы заинтриговать Водолея. Водолей, в свою очередь, должен открыться эмоционально, чтобы показать Тельцу, что происходит на самом деле.

Водолей может быть удивлен тем, насколько хорошим слушателем является Телец, и они смогут вместе пройти через многие эмоциональные процессы.

В их доме много роскошных штрихов, но даже если эти двое не завяжут ничего долгосрочного, роман будет не менее интересным и может привести к захватывающей дружбе, в которой они будут делиться всем - от кулинарных рецептов до номеров телефонов и рекрутеров на работе - и это при условии, что они не начнут горячо спорить с самого начала.

Вместе, с электрической искрой Водолея и медленной, чувственной вибрацией Тельца, вы, вероятно, удивите друг друга в постели. Общение — это ключ к тому, чтобы все получилось как в постели, так и вне ее. Водолею нужно будет говорить со своей любовью Тельцом медленно и нежно, а Тельцу - постараться не делать поспешных выводов и не считать, что его Водолей читает мысли, хотя Водолей, безусловно, обладает многими необычными качествами.

Телец с Рыбами в сексе

Тельцы иногда боятся, что им не хватает воображения или их считают скучными, им всю жизнь говорили, что они должны быть более гибкими или пробовать что-то новое, поэтому они иногда могут быть немного закомплексованными.

У Рыб тоже есть свои проблемы. Им иногда кажется, что другие не верят в их способности, их столько раз называли чешуйчатыми, что они иногда начинают дорожить чужими словами.

Оба испытывают боль, но когда они объединяются, то исцеляют друг друга и помогают друг другу расти. Рыбы вдохновляют воображение Тельца, напоминая ему, насколько он талантлив.

Заземленная энергия чувствует себя безопасно для Рыб, которые находят в Тельце друга, которому можно доверять и на которого можно положиться, и для которого хочется делать то же самое. Эти двое - лучшие друзья и могут быть также прекрасными любовниками. В любовных отношениях они могут флиртовать довольно долго, прежде чем кто-то из них сделает шаг, но когда один из них делает это, то он становится сильным и интенсивным.

В спальне интуитивные способности Рыб сочетаются с медленной чувственностью Тельца, и занятия любовью будут полны фантазии и страсти. В долгосрочной перспективе эти двое разделят энергичный дом, полный гостей.

Телец считает, что Рыбы - один из самых крутых людей, которых он когда-либо встречал, а Рыбы очарованы умом Тельца.

Телец и призвание

Телец — это синоним таланта. Способность решать проблемы и чинить вещи. Тельцы обладают способностью использовать свой ум и искать творческие решения.

Этот знак также обладает особым талантом обучать и помогать другим. Это прекрасный администратор, человек, умеющий воспитывать и раскрывать индивидуальный потенциал.

Тельцы любят деньги. Им нравится любая роскошь, и они знают, что она не приходит без упорного труда и зарабатывания достаточного количества денег, чтобы поддерживать свой роскошный образ жизни.

Тельцы - одни из самых целеустремленных, способных, творческих, практичных и трудолюбивых людей, в какой бы области они ни работали. Неважно, кто они - служащие или руководители, - они прекрасно справятся с поставленной задачей. Они быстро войдут в привычный ритм и сосредоточатся на выполнении поставленной задачи, невзирая на то, что происходит вокруг.

Пожалуй, единственным недостатком их сильной трудовой этики является то, что существует тонкая грань между преданностью и одержимостью, которую Тельцы часто легко переступают, сами того не осознавая.

Одержимость работой может превратить их в перфекционистов, ожидающих, что все остальные будут стараться так же, как и они. Они вознаграждают себя за усердную работу тем, что еще больше играют и наслаждаются роскошью.

Расшифровка знака Телец

Тельцы - земной знак, управляемый Венерой, поэтому им свойственна элегантность и утонченность. Тельцы практичны, целеустремленны и обладают большой силой воли.

Это стабильные, лояльные личности. Они любят тишину и покой, очень законопослушны и соблюдают правила.

Они уважают материальные ценности и избегают долгов. Они несколько неохотно идут на перемены, будучи скорее практичными, чем интеллектуальными, а поскольку им нравится рутина, то они склонны зацикливаться на своих идеях.

Такт для них чрезвычайно важен как в бизнесе, так и в романтических отношениях. Тельцы - очень благоразумный, стабильный знак, обладающий большим чувством справедливости и равенства. Они не склонны сдаваться перед лицом трудностей, а продолжают идти вперед, пока не преодолеют все препятствия.

Они верны и не любят резких и нежелательных перемен. Телец - самый зависимый знак Зодиака. Иногда они могут быть слишком жесткими, спорными, эгоцентричными и упрямыми.

Семья и дом очень важны для Тельца. Тельцы умны и обладают хорошим чувством юмора, что делает их людьми с прекрасными социальными навыками.

Они прекрасно умеют распоряжаться деньгами, поэтому все счета будут оплачены вовремя, и в то же время им удастся сэкономить. Профессии этого знака зодиака - сельское хозяйство, кулинария, медицина, образование и строительство.

Тельцу свойственно быть спокойным большую часть времени, порывистым и даже жестоким, когда он раздражается, как и Телец, который его олицетворяет. Принадлежащий к стихии Земли, он практичен, упорядочен, трудолюбив, амбициозен, серьезен и прагматичен.

Они любят удовольствия жизни, роскошь, хорошую еду и напитки. На самом деле они должны стараться не поддаваться искушению потакать этим вкусам до чрезмерности.

Тельцы всегда стремятся к стабильности и безопасности во всем, что делают, а если сомневаются, то тщательно обдумывают и анализируют все возможные варианты, и когда убеждаются в правильности своего решения, то действуют.

Личность женщины-Тельца

Женщины-Тельцы - очень умные и творческие люди. Они обладают большой способностью решать проблемы и принимать решения. Им нравится, когда их окружают люди, разделяющие их интересы и ценности. Это люди, которые умеют наслаждаться жизнью.

Женщины-Тельцы очень верны в своих отношениях и ждут того же в ответ. Они очень верные, терпеливые, преданные и хорошие друзья.

Они также известны своим упорным характером и твердостью. Они склонны к упрямству и нелегко меняют свое мнение, что иногда приводит к конфликтам.

Это люди, любящие роскошь и обладающие прекрасным чувством моды. Женщины-Тельцы - прекрасные менеджеры и могут быть очень дальновидными, когда речь идет о деньгах.

Они чрезвычайно практичны и реалистичны, всегда стремятся к безопасности во всех своих действиях. Это может привести их к некоторому консерватизму и недоверию.

Личность мужчины-Тельца

Мужчина-Телец — это идеал для женщин, которые жаждут сильного, молчаливого мужчины. Другими словами, сильный Телец, обладающий большой силой, по сути, мужественный, но идущий по жизни сдержанно.

Телец — это еще и идеальный баланс между разумом и чувствами, между рассудительностью и чувствительностью, между практичностью и чувственностью. Первые составляющие приходятся на его стихию - землю, вторые - на его управительницу Венеру, планету любви.

Обычно Вам трудно выразить свои чувства, но не стоит думать, что их у Вас нет. Венера заставляет Вас испытывать сильные чувства, но элемент Земли советует Вам не хвастаться ими.

Он делает вид, что не видит, не замечает, не заботится, но он видит, замечает и заботится. Именно так он добивается того, что женщины падают к его ногам, причем с минимальными усилиями.

Действительно, он умеет использовать пассивность как активную и мощную силу, и демаркационную силу Венеры он использует как средство для получения желаемого, в том числе и людей.

Последовательный и верный, он глубоко предан любовным отношениям, но требует того же. Поэтому ему не свойственна ревность, но, если он обнаружит или заподозрит неверность, все будет кончено, и пути назад уже не будет.

Быть рядом с Тельцом — значит чувствовать себя уверенно, ощущать себя любимым и защищенным, заботливым и желанным. Он почти волшебник в искусстве смешивать дикость и романтизм в почти равных и неотразимых дозах.

Как влюбить в себя Тельца?

Как только вы встретитесь с ним, сразу же введите его в курс дела и, если необходимо, добавьте несколько нулей на свой банковский счет. Он сразу же станет интересным в ваших глазах.

После этого можно продолжить обычный репертуар завоеваний. То есть постоянно хвалите ее внешность, восхищайтесь тем, как она одевается; скажите, что Вам всегда нравились люди, которые выглядят как будто из другой эпохи, даже если они ведут вполне современный образ жизни. Сообщите ей, что Вы мечтаете поскорее жениться.

Попросите его пойти с Вами, чтобы выбрать прочный и строгий обеденный стол или набор растений для столовой, или позаботиться о неубранном балконе. Скажите ему, что хотели бы, чтобы он как-нибудь приготовил для вас еду.

Прежде чем приступить к завоеваниям, очень важно определиться, действительно ли ваши чувства являются любовными, ведь после преодоления недоумения вернуться назад будет довольно сложно.

Кроме того, Тельцу нравится быть рядом с человеком, который наряду с радостной жизнерадостностью демонстрирует сильную солидность.

Поэтому будьте благодарны не только за ласки и взгляды, которые много значат, но и за разговор, который даст вам возможность понять, имеет ли он практический смысл или нет.

Вы должны уметь очень мягко говорить с ним о конкретных достижениях, о том, как вы собираетесь продвигать свою жизнь и о будущем. Но если по каким-то причинам Вы видите, что он в чем-то упрям, избегайте открытой конфронтации.

Пригласите его к себе домой и угостите вкусной едой.

Совместимость Тельца и Овна

Оба знака обладают способностью к стабильным и честным отношениям. Это может способствовать позитивному отношению и открытому честному общению, когда они находятся вместе.

Обоим необходимо искать свою настоящую любовь, как это всегда делают Марс и Венера. Это может привести к неверности и проблемам в любовном треугольнике из-за недостатка эмоций у Овна или самооценки у Тельца. Однако, если они с самого начала хорошо общаются, то обычно понимают, насколько важно для них взаимное доверие, и стараются не ставить его под угрозу.

Совместимость Тельца и Овна в любви

Когда Тельцы и Овны встречаются вместе, Тельцы могут поначалу несколько настороженно отнестись к отношениям с импульсивным Овном. Несмотря на то, что Телец высоко ценит энергию этого зодиакального воина, он может действовать осторожно.

Однако, как только Овен докажет свою твердость, эти двое могут образовать чрезвычайно динамичный дуэт, в котором Овен будет генерировать блестящие идеи, а осторожный Телец - давать дельные рекомендации.

Если оба знака смогут избежать склонности считать себя всегда правыми, они смогут преподать друг другу бесценные уроки, сформировав долгосрочные отношения.

Дружеская совместимость Тельца и Овна

Овном управляет символ барана, что делает его импульсивным и постоянно ищущим приключений. Если Телец предпочитает не торопиться и экспериментировать шаг за шагом, то Овен склонен к резким движениям, что часто приводит к дисбалансу между ними.

Однако, поскольку Овен прямо и откровенен, она предпочитает встречаться с ним. Он прямо говорит, что у него на уме, и это питает его нетерпеливую душу. Обычно проблем не возникает. Кроме того, Тельцы не прочь исследовать новые места и отправляться в редкие приключения со своим другом-Овном.

Овен предпочитает встречаться с Тельцом из-за его беззаботности и рассудительности.

Совместимость Тельца и Овна на работе

Несомненно, их стиль работы должен дополнять друг друга. Телец — это расчет, а Овен - действие.

Однако, пытаясь заставить партнера изменить методы работы, они, скорее всего, упустят время и упустят возможности.

Семейная совместимость Тельца и Овна

В этом отношении Овен сталкивается с жестким барьером в отношениях с Тельцом. Для Тельца семья — это нечто жизненно важное и необходимое, от чего нельзя отмахнуться, а тем более отказаться.

Овну придется обратить внимание на этот аспект, так как если он будет цепляться за свое неприятие семейной жизни или отвергать возможность создания семьи, то о Тельце можно забыть.

Совместимость Тельца и Тельца

У них будет так много общего, что порой они могут получать не меньше удовольствия, чем тот, кто хотя бы притворяется, что хорошо проводит время с тем образом, который видит в зеркале.

Тельцы - самый любящий знак из всех существующих. Можно безошибочно сказать, что это знак, который не отчаивается перед суровостью жизни, угрожающей любви.

Телец знает, что при наличии силы воли, внимательности и преданности своему делу он сможет преодолеть препятствия. Для Тельца нет более мощной силы, чем любовь.
Поэтому один из лучших партнеров Тельца - другой Телец.

Совместимость Тельца и Тельца в любви

Телец и Телец — это прекрасные отношения. Они разделяют вкус к хорошей еде, горячему душу и массажу тела.

Эта пара обладает необыкновенным магнетизмом. Когда они собираются вместе, то могут провести весь день в объятиях друг друга.

Но когда в этой динамике все слишком хорошо, может наступить скука. Каждый из партнеров должен активно подталкивать другого к достижению своей мечты. В противном случае этот дуэт может бесконечно долго лежать на диване, смотря сериалы на Netflix и поедая мороженое.

Дружеская совместимость Тельца и Тельца

Телец - один из лучших друзей на свете. Это тот человек, который будет рядом с вами в трудную минуту, который не бросит вас, как бы тяжело ни складывались обстоятельства.

Именно поэтому ваша дружба так совместима с дружбой другого Тельца. Они совместимы не только в эмоциональном плане, ведь Телец — это друг, который помогает на всех уровнях бытия. От сердечных дел до болезней и экономики.
Телец рядом с Тельцом — это надежная дружба, в которой оба участника искренне заботятся друг о друге.

Удивительно, но дружба между этими двумя похожими знаками оказывается относительно стабильной.

Вы можете положиться друг на друга и всегда рассчитывать на своего друга-Тельца, когда вам плохо или вы попали в беду. Как Телец, когда Вам нужна помощь и практический совет, Вы всегда можете обратиться к другому Тельцу.

Они всегда внимательны и готовы дать наилучший практический совет. Будь то помощь в работе или рекомендация хорошего врача, у них всегда найдется ответ.

Благодаря своему спокойному характеру и приземленному настроению они наслаждаются обществом друг друга и с удовольствием проводят время вместе. Даже если им не нравятся приключения, они не откажутся от новых впечатлений, таких как дегустация вин, посещение парка аттракционов или спа-процедур.

Одним из главных недостатков такой дружбы является то, что оба друга могут бесконечно спорить и из-за своего упрямства не могут легко отступить.

Создается впечатление, что они находятся в непрерывном соревновании, стремясь превзойти друг друга во всем, в чем их вкусы наиболее совпадают. Оба будут стремиться доказать, что они лучше умеют приобретать и вообще добиваться всего лучшего в жизни, особенно денег.

Совместимость Тельца и Тельца на работе

Тельцы - одни из самых эффективных работников в гороскопе. Однако этот авторитет имеет свои пределы. И заключается он в том, что Тельцы не умеют работать в команде. С точки зрения Тельца, никто не может выполнить работу лучше, чем он сам, поэтому он не допускает к ней никого другого.

 Когда Телец работает с другим Тельцом, это удваивается, и работа страдает. Каждый хочет направить воду на свою мельницу. И хотя они делают это красиво, в итоге дело не доводится до конца, так как каждый Телец хочет быть тем, кто доводит работу до конца.

 Таурина в плане работы отличаются отчужденностью, ими движет профессиональная ревность.

Семейная совместимость Тельца и Тельца

Телец - один из знаков, испытывающих наибольшую потребность в семье, один из тех, кто формирует свою собственную с самого раннего возраста, кто постоянно общается с родителями и заботится о них.

Телец с другим Тельцом — это пара, образующая крепкий дом, полный радости и благополучия.

Оба партнера стремятся своевременно и с удовольствием поставлять то, что требуется для обеспечения домашнего хозяйства.

Телец - лучший партнер Тельца для семьи.

Совместимость Тельца и Близнецов

Сложные отношения, хотя, возможно, эти две личности могут дополнять друг друга.

Все зависит от того, сможет ли воздушный менталитет Близнецов принести Тельцу ароматы и душевную свежесть, в которых время от времени нуждается такой фиксированный знак.

Совместимость Тельца и Близнецов в любви

Телец и Близнецы кажутся сложной парой. Близнецы очень быстро говорят и остроумны, что заставляет пассивного Тельца нервничать и с трудом понимать мотивы Близнецов.

Телец может пойти на компромисс со своими потребностями из-за такого стремительного образа жизни, а Близнецы, в свою очередь, могут стать все более нетерпимыми к тщательному подходу Тельца, что может склонить его к отказу от отношений.

Однако если эта пара сможет прийти к консенсусу, то отношения будут сбалансированными. Близнецы будут учить Тельца расслабляться, а Телец будет вдохновлять Близнецов на замедление темпа.

Дружеская совместимость Тельца и Близнецов

Телец - верный и преданный друг, который отдает себя в дружбе с силой, не поддающейся никаким проблемам и препятствиям. Для своих друзей Телец готов на все, и это делает его тем другом, который нужен Близнецам.

Близнецам нужны друзья, которые добавляют, а не отнимают, которые дарят благословения и решения, а не проблемы. И это как раз то, что предлагает Телец: дружба без условий, но полная помощи и доброты. Они ясны в своих намерениях и словах.

Близнецы, как известно, капризны, что прямо противоположно очевидным чертам Тельца.

Они не столь практичны и могут заставить вас сомневаться в своих действиях. В то время как Тельцы постоянно ищут приключений, они предпочитают следовать рутине, что является полной противоположностью.

Близнецы предпочитают тратить деньги на лучшие впечатления, а Тельцы - экономить каждую заработанную копейку.

Этим знакам бывает трудно дружить. Тем не менее, чувство юмора Близнецов и практичный, методичный подход Тельца всегда уравновешивают друг друга, что сохраняет дружбу.

Чтобы дружба продлилась долго, Тельцу придется мириться с нежеланием и постоянными перемещениями Близнецов, а Близнецам - набраться терпения.

Совместимость Тельца и Близнецов на работе

Рожденные под знаком Тельца - лучшие работники по гороскопу. Ни одна задача не кажется им слишком сложной, ни одна обязанность - непосильной.

Поэтому они наиболее совместимы со знаком Близнецов, который является постоянным тружеником, всегда тратящим много энергии на выполнение своих обязанностей и достижение целей, которые он ставит перед собой как профессионал.

Для Тельцов и Близнецов хорошая работа никогда не заканчивается 24 часа в сутки. Завершение одной задачи — это лишь возможность взяться за новую.

Поэтому они совместимы и образуют пары, которые становятся по-настоящему продуктивными, неутомимыми предприятиями.

Совместимость Тельца и Близнецов в семье

Для Близнецов семья — это тайна, в которую они не хотят заглядывать. Они не смотрят на семью с добротой и фактически обвиняют ее во многих проблемах, от которых страдают люди, в травмах, неуверенности в себе и поведении, приобретенных в несчастливом детстве.

Поэтому в этом аспекте они несовместимы с Тельцом, для которого семья является важнейшим условием жизни. Для Тельца только в семье мы можем расти и учиться быть теми, кем мы призваны быть.

Близнецы не хотят создавать семью ни с кем. Даже с Тельцом.

Совместимость Тельца и Рака

Они находятся под общим влиянием Луны и обнаружат, что разделяют многие жизненно важныс понятия, хотя и подходят к ним с разных точек зрения, что будет определять то, что они постоянно удивляют друг друга.

Раки испытывают сильное влечение к представителям знака Тельца. Это характерно для знаков с животной составляющей. Но то, что объединяет этих людей, выходит за рамки этого естественного притяжения.

Рака и Тельца объединяют ценности и потребности. У Раков есть четкая цель в жизни, и она совпадает с целью Тельцов. Когда они собираются вместе, то делают это общее дело: любят, создают дом и наполняют его любовью.

Совместимость Тельца и Рака в любви

Между Тельцом и Раком существует невероятное сходство, ведь это два знака, которые ценят безопасность и стабильность, а также заботятся о создании домашнего уюта.

В этом космическом дуэте Рак будет способствовать эмоциональному структурированию, а Телец с энтузиазмом займется оформлением физического пространства, которое они разделяют. Однако и Телец, и Рак могут быть чрезвычайно собственниками. При отсутствии здорового общения эта пара может настроиться друг против друга, стать все более темпераментной и ревнивой.

Тельцу следует стремиться понять эмоциональную сторону Рака, который часто держит свои эмоции в бутылке, что может стать причиной периодических проблем. В конце концов, именно поэтому Рак околдован благородной личностью Тельца.

Хотя вербальное общение не является сильной чертой каждого из них, эти отношения будут процветать благодаря искреннему диалогу.

Дружеская совместимость Тельца и Рака

Эта пара - одна из немногих дружеских связей, которые могут длиться годами, что редкость для этого знака зодиака. Рак всегда выплескивает или излагает свои мысли и чаяния перед другом-Тельцом.

Телец не прочь выслушать своего друга Рака, даже если тот звонит в полночь. Оба знака поддерживают друг друга в трудную минуту.

Их дружба верна и долговечна. В то время как Рак восхищается вашим восприятием жизни, Телец ценит лидерские качества другого, что придает дружбе идеальный баланс.

Если Тельцу удается мириться с угрюмостью Рака, а Рака редко беспокоит упрямство Тельца, то дружба обречена на долгое существование.

И Рак, и Телец в высшей степени ценят дружбу, тех друзей, с которыми мы строим то, что стоит в жизни. Оба хотят иметь дом с открытыми дверями, где знакомые и незнакомые люди приходят и уходят, оставляя за собой след радости, который питает любовью их собственный дом.

Рак находит в Тельце того, кто, как и он, хочет сделать жизнь общим праздником, столом, полным деликатесов и подарков, на который приглашены все.

Рак и Телец убеждены, что преломление хлеба - одна из самых больших радостей.

Совместимость Тельца и Рака на работе

Рак верит в необходимость труда, но не теряет себя в нем. Они высоко ценят свои привязанности и сентиментальные обязательства. Они никогда не пойдут на работу с больным ребенком, не согласятся на работу, которая отрывает их от любимого человека.

В этом плане могут пострадать Ваши отношения с Тельцом, так как для Тельца ничто не может стоять на пути к выполнению своих обязанностей, и поэтому он не видит проблемы в том, чтобы отказаться от общения с близкими во имя выполнения рабочих обязательств.

Это различие между ними может оказаться для Рака непреодолимым, а для Тельца - способом существования, от которого он не может отказаться. Для Тельца долг священен. Даже больше, чем сама любовь.

Рак всегда будет сохранять настороженность по отношению к скрытным, но эффективным планам Тельца.

Вы также будете испытывать некоторую зависть, возможно, здоровую, глядя на то, как воплощаются в жизнь такие планы, но вас это будет вдохновлять.

Совместимость Тельца и Рака в семье

Раки и Тельцы - знаки, наиболее уважающие свою семью и стремящиеся создать свою собственную. Поэтому, если в их жизни не хватает этого аспекта, они не чувствуют себя полноценными, ощущают грусть и неполноту.

Когда они встречаются друг с другом, то зажигают ту самую искру, которая присуща тем, кто считает, что находится на пороге осуществления своей мечты. И в этом смысле они не ошибаются. Рак рядом с Тельцом знают, что встречают человека, который соответствует их желанию создать семью.

Рак знает, что у Тельца есть силы для создания счастливого дома рядом с ним, а Телец знает, как уважать эту реальность.

Совместимость Тельца и Льва

Лев и Телец - одна из самых совместимых пар в гороскопе.

Отчасти это объясняется их животной природой. Лев и Телец — это два духа, которые встречаются в идеальном взаимодополнении. Лев доминирует на природе, на равнинах, в неизвестности, а Телец — это человек дома, который строит и защищает свой собственный замок.

На разных этапах истории человечества Тельца и Льва противопоставляли друг другу, желая поразмыслить над тем, что происходит, когда две такие сильные личности встречаются вместе. Однако окончательного вывода так и не было сделано.

Совместимость Тельца и Льва в любви

У Тельца и Льва много общих интересов. Будь то распитие супердорогого вина, посещение шикарного ресторана или покупка дизайнерской одежды, Тельца и Льва объединяет то, что они оба любят роскошь.

Однако, когда приходят счета по кредитным картам или они смотрят на свои банковские счета, эти двое быстро понимают, насколько различаются их взгляды. Телец ценит вложения, а Лев - показную расточительность. Телец и Лев верны и трудолюбивы, а их тщеславие и упрямство могут спровоцировать серьезные проблемы.

Однако если эти два упрямых знака поэкспериментируют с вниманием и научатся уступать, то у них есть потенциал для прекрасного будущего.

Дружеская совместимость Тельца и Льва

Оба отвергают саму мысль о том, что кто-то может указывать им, как поступать или как жить.

Ни один из них не готов идти на компромисс. Однако Тельцу нравится элегантная манера поведения Льва.

Лев склонен слишком сильно беспокоиться обо всем, в то время как Телец полагается на собственные силы. Это инициирует обмен совместимостями, который будет очень позитивным для вас обоих.

Несмотря на различие характеров, Лев и Телец имеют некоторые общие черты, объединяющие эти знаки. Они ценят роскошь, материалы и все лучшее, что есть в жизни, что часто объединяет их.

Кроме того, оба знака очень творческие, что приводит к появлению интересных тем для обсуждения, большинство из которых связано с искусством, музеями, фотографией и другими культурными последствиями.

Эти два знака также сходятся в безупречных организаторских и управленческих способностях, которые они находят привлекательными друг в друге. Чтобы дружба длилась долго, Тельцу придется мириться с самолюбием Льва, а Льву - игнорировать расчетливые шаги Тельца.

Совместимость Тельца и Льва на работе

Нет пары, которая бы лучше взаимодействовала в совместной работе, чем Лев и Телец. Оба обладают такими качествами для работы, которыми обладают немногие другие, и которые в совокупности делают их самостоятельным предприятием, мощным примирением воли, действия и энтузиазма.

Лев - идеальный партнер для привлечения к Тельцу тех возможностей, которые Телец умеет превращать в прибыль. Можно сказать, что Телец будет работать в тени, освещаемый Луной, а Лев - под Солнцем, причем наиболее элегантно и вдохновляюще для всех.

 Тем не менее, Лев захочет дождаться восхода Луны, чтобы что-то сказать о работе Тельца, так что после восхода Солнца станет ясно только то, что могло бы быть и не было.

Семейная совместимость Тельца и Льва

Лев и Телец - существа, нуждающиеся в семье и заботящиеся о ней. Они заботятся друг о друге и быстро создают свою собственную.

Ведь их животная природа побуждает их объединяться в группы и черпать силы в этих семьях.

Если они решат объединиться, то станут самыми преданными родителями, самыми заботливыми архитекторами самого крепкого дома и партнерами по приключениям, которые, как они знают, продлятся всю жизнь.

Ничто не отделяет их от исполнения главной цели - счастья всех, кого они любят.

Совместимость Тельца и Девы

В этой земной паре есть согласие, и это сразу бросается в глаза. Однако Тельцу необходимо взять бразды правления в свои руки и направить Деву в русло отношений.

У Дев слишком много барьеров, мешающих им признать истинную природу своих чувств, и им нужно немного подтолкнуть их, чтобы убедить в этом раз и навсегда.

А у Тельца никогда не бывает недостатка в аргументах. Начнем с того, что он знает, как возбудить сексуальные аппетиты Девы, которая, хотя и скрывает их, но отнюдь не равнодушна к плотским утехам.

С другой стороны, союз с Тельцом, для которого секс — это естественное и радостное удовольствие, может помочь Деве преодолеть некоторые запреты.

Дева хорошо понимает прагматическую сторону Тельца, так как ищет в партнере осязаемые истины, которые не может найти самостоятельно, а также испытывает сильное утешение от присутствия твердого и надежного человека.

Хотя Телец довольно сладострастен и упрям, а Дева мозговита, обоих объединяет одинаковый подход к жизни: они благоразумны, любят порядок и организованность и не сделают ни шагу вперед, если этот маневр не был тщательно спланирован.

Таким образом, отношения идут по безопасному пути и естественным образом развиваются в сторону жизни в паре - выбора, который, как и все остальные, запрограммирован заранее и во всех деталях.

Опасность такого союза заключается в том, что он становится скучным, поскольку слишком совершенен, слишком предсказуем и слишком продуман. Но привычка устраивает обоих партнеров, и они достаточно разумны, чтобы это понять.

Возможные проблемы могут возникнуть, если Дева отвергнет страстные порывы Тельца, который в этом случае будет очень близок к тому, чтобы найти другого партнера, или если, терзаемый сомнениями, он совершит какой-то проступок.

Любовная совместимость Тельца и Девы

Телец и Дева - земные знаки, и когда родственные стихии собираются вместе, между ними возникает мгновенная связь.

Отношения Тельца и Девы основаны на разуме, поскольку оба знака ценят прагматизм. Однако Телец несколько капризнее недоверчивой Девы.

Телец определенно знает, как побаловать себя, в то время как Дева предпочитает играть в безопасности. В конечном счете эта пара сильна тем, что Дева глубоко уважает качества Тельца и восхищается тем, как он празднует великолепие жизни.

Телец ценит внимание к деталям, характерное для Девы. У этих двух знаков действительно много общего, и если они проявят терпение, то смогут работать вместе, причем эта пара обладает невероятным потенциалом для развития.

Дружеская совместимость Тельца и Девы

Оба знака любят природу и пребывание на свежем воздухе, что сближает их. Друзья этого знака зодиака часто видят друг друга во время приключений, пикников или случайных вечерних прогулок.

Тельцы, если вам понадобится практическая помощь и умение решать проблемы, вы всегда можете обратиться к Деве.

Если Дева нуждается в финансовом совете и управлении, она может обратиться за помощью к своему другу Тельцу.

Совместимость Тельца и Девы на работе

Именно в этой области у Тельца и Девы будут возникать трудности и меньшая совместимость. Помимо различий в характерах, с которыми иногда трудно справиться, Телец и Дева - очень осторожные знаки, которые вообще не любят риск и к тому же боятся ошибиться.

Они всегда очень хорошо охраняют свои шаги, и это, в общем-то, положительный момент, а отрицательный заключается в том, что пока они ждут этой охраны, возможности ускользают, и тогда они могут обвинить друг друга.

В этой области Тельца и Деву объединяет то, что они оба очень трудолюбивы и настойчивы. Если они приступают к реализации проекта, их ничто не остановит. Тельцам нужны творческие начальники, и Дева в точности отвечает на эту потребность.

С другой стороны, Дева — это чистый перфекционизм, их скрупулезность легендарна. И именно здесь Тельцу и Деве придется столкнуться с наибольшими разногласиями. Дева может требовать от Тельца внимания к деталям, которого у Тельца, по сути, нет, хотя он способен выложиться по полной в любом деле.

С другой стороны, если Тельцу важна экономическая стабильность, то Дева также предпочитает ее престижу.

Семейная совместимость Тельца и Девы

Если в чем Дева и Телец и похожи, так это в огромной любви к семье, к своей собственной, к той, которую они хотят создать.

Они оба много работают, экономят силы, деньги и время, чтобы вложить их в дом, соответствующий их мечтам.

Если Телец и может обрести долгую и прочную любовь с Девой, то только через семью. Это то, что он должен без колебаний предложить.

Совместимость Тельца и Весов

Весы - люди, которые превыше всего в жизни любят две вещи: покой и равновесие. И они знают, что это цель всей жизни, которая требует работы и самоотдачи.

Это первое, чего требует этот знак от своих партнеров, - преданности. И вы не найдете другого знака, который был бы более самоотверженным во всех аспектах любви, чем Телец.

В Тельце Весы находят одну из своих самых больших совместимостей в Зодиаке - человека, который не боится отдать всего себя ради достижения своих целей. Тельцы и Весы очень совместимы по тем пунктам, которые имеют большое значение в жизни.

Совместимость Тельца и Весов в любви

Тельцы и Весы - знаки, управляемые Венерой, планетой любви, красоты и денег. Они образуют романтическое сочетание: упрямая чувствительность Тельца компенсируется спокойной дипломатичностью Весов, а эстетизм

Весов совершенствуется домашними страстями Тельца.

Эти два знака согласны по многим важным вопросам, хотя иногда, когда собственническая личность Тельца ущемляется настойчивым социальным взаимодействием Весов, Телец чувствует себя неуравновешенным.

Но в этом нет ничего страшного, потому что, в конце концов, эти конфликты решаются в постели, где пара Телец/Либра действительно блистает несравненным сексом.

Дружеская совместимость Тельца и Весов

Телец - преданный друг, который ни при каких обстоятельствах не бросит своих друзей на произвол судьбы. Для него дружба — это договор, клятва верности.

Не может быть знака, который имел бы более различное представление о дружбе, чем Телец.

Для Весов друзья — это результат момента и определенных обстоятельств, они сопровождают нас на протяжении всего переживания, а затем теряются. Они подобны цветку, который блестит, а потом увядает.

Телец считает, что дружба — это навсегда, и от друга-Весов вы не получите желаемого ответа.

Поскольку оба знака имеют общую планету-управитель Венеру, они обладают неумеренным стремлением к красоте и искусству. В рамках этой дисциплины их вкусы могут сильно различаться.

Весы могут предпочесть изысканных или современных художников, в то время как Телец будет придерживаться древних или классических форм искусства и самовыражения.

Если Весы более общительны и стремятся к общению с большой компанией друзей, то Тельцы предпочитают держаться в кругу одного-двух самых близких друзей.

Хотя Тельцы обладают способностью быть общительными, они предпочитают держаться в кругу самых близких друзей.

Существенное различие между этими двумя знаками заключается в том, что Телец организован, а Весы - все время в движении, часто без продуманного плана.

Кроме того, Весы склонны быстро менять свое мнение, что ставит Тельца в тупик. Поскольку Телец предпочитает придерживаться плана, эта черта может его раздражать.

Чтобы дружба продлилась долго, Тельцу придется мириться со спонтанностью Весов, а Весам - с вниманием Тельца к деталям.

Совместимость Тельца и Весов на работе

Взаимоотношения Тельца и Весов на работе всегда очень продуктивны, хотя и не лишены некоторых негативных моментов, которые Тельцу и Весам следует постараться сгладить, чтобы достичь именно той гармонии, которая приведет их прямо к успеху.

В точках совпадения Тельца и Весов объединяет стремление не жалеть сил для достижения цели. Каждый из них по-своему проявляет достойное похвалы упорство и настойчивость.

Однако потребность Весов навязывать свое мнение другим, и Телец не исключение, может помешать хорошим результатам их совместной работы, особенно если Весы находятся ниже Тельца по рангу.

А если она окажется выше него, то результат будет столь же негативным, поскольку Телец станет немотивированным и разочарованным отношением, отсекающим его инициативу.

Тельцы и Весы достигнут успеха в работе и экономике, если Весы признают деловую хватку Тельца и его способность находить решения самых разных проблем.

Тельцы же должны ценить гибкость Весов, когда перед ними стоит задача или цель.

Если они вовремя откроют в себе эти взаимодополняющие установки, то смогут достичь всего, что задумают.

И Весы, и Телец - труженики, не уклоняющиеся ни от тяжелой работы, ни от проблем, связанных с профессиональным ростом.

Для Тельца работа - необходимое условие жизни, и только благодаря труду мы строим себя как благородных и достойных людей.

Для Весов Телец - идеальный товарищ по работе, партнер, с которым можно ничего не бояться, так как он восхищается тем, что Телец воспринимает работу как способ самосовершенствования.

Весы постоянно ищут способы достичь большего умственного и духовного развития, и рядом с Тельцом, работая с ним, они могут познать его ценную философию.

Семейная совместимость Тельца и Весов

Если и есть знак, который заставляет Весов забыть о своих страхах по поводу семьи, то это Телец. Телец защищает свою любовь со сладкой свирепостью, которая просто убеждает Весы в том, что рядом с ним будет та безопасность, в которой они нуждаются.

Этого достаточно для того, чтобы он подписал любой союз, который предложит ему Телец.

Вместе они образуют надежный и счастливый дом, небольшой, но уютный, где Весы ставят во главу угла строгость и планирование, а Телец - любовь без меры и слабости.

Совместимость Тельца и Скорпиона

Совместимость Тельца и Скорпиона была бы высокой, если бы они не были упрямыми людьми, не желающими менять свое мнение.

Несмотря на это, если им удастся найти общий язык в разных областях, они составят преданную и последовательную пару. Соответствующие стихии, Земля и Вода, обеспечивают им хорошую коммуникацию, а конкретный случай Тельца и Скорпиона вписывается в рамки так называемых противоположных и дополнительных знаков, которые, как следует из их собственного названия, чувствуют себя совершенно по-разному, но нуждаются друг в друге, чтобы стать лучше и добиться большего успеха в жизни.

Совместимость Тельца и Скорпиона в любви

Скорпионы легко влюбляются в Тельцов благодаря тому, как Тельцы понимают любовь. Для этого знака нет большего долга, чем терпеливо и тщательно заботиться о любимых.

Любая потребность, любой каприз, любой аппетит - Телец делает все возможное, чтобы удовлетворить их.

Скорпион хочет, чтобы в его жизни была такая любовь, и поэтому всеми силами старается заставить Тельца полюбить его. Это не очень просто, потому что Скорпион своей страстной силой поначалу пугает Тельца, который довольно тих и спокоен.

Телец и Скорпион - противоположные знаки, здесь притяжение происходит автоматически. Оба любят процветание. Телец больше сосредоточен на себе, чем Скорпион, который больше озабочен своим партнером и ближайшими родственниками.

У обоих есть крайняя потребность в безопасности, уходящая корнями в отношения, но они по-разному ее проецируют.

Телец ценит мораль и искренность и не приемлет измены, а Скорпион любит скрытность. Стремление Скорпиона к безопасности основано на его потребности быть постоянно защищенным своим партнером.

Хотя в этих отношениях не все идеально, поскольку Телец требует материальных благ, а Скорпион стремится к эмоциональному контролю, но, объединившись, они могут составить прекрасную пару, основанную на взаимном уважении.

Дружеская совместимость Тельца и Скорпиона

Несмотря на то, что Телец и Скорпион совершенно разные, их дружба часто бывает долгой. Несмотря на схожие интересы в области искусства, вина и культуры, Тельца презирает уклончивость Скорпиона.

Однако эта дружба основана на взаимном уважении и восхищении противоположным астрологическим знаком, поэтому она сохраняется дольше. Они постоянно учатся друг у друга.

Телец ценит мировоззрение Скорпиона и его страсть к жизни, а Скорпион хочет научиться у Тельца управлению деньгами. Чтобы дружба продлилась долго, Тельцу придется мириться с манипуляциями Скорпиона, а Скорпиону - игнорировать упрямство Тельца.

Совместимость Тельца и Скорпиона на работе

Для Скорпиона работа — это мучительное занятие, которое предполагает большие усилия, забвение себя. Это совсем не просто, ведь Скорпион не может отбросить ни свое сердце, ни бурные чувства, которые его захлестывают.

К счастью, лучшее, что может с вами случиться, — это иметь Тельца в качестве партнера или коллеги.

Телец не только любит свою работу, но и не стесняется показать вам ее ценность.

Он терпеливый учитель, который стоит плечом к плечу с вами и помогает вам ценить свою работу и свои обязанности. Он учит вас любить их так же, как и он сам, ибо знает ключ к разгадке - осознать, что все, что мы делаем, мы делаем из любви.

 Оба будут неустанно и неумолимо бороться за достижение своей цели. Они склонны понимать друг друга с самого начала, что является огромным преимуществом, первой ступенькой на их неудержимом пути к успеху.

Тельцу свойственно восхищаться нестандартными и творческими людьми, что является врожденными качествами Скорпиона, который, в свою очередь, восхищается лидерскими качествами Тельца, которые подкрепляются его организаторскими способностями.

Семейная совместимость Телец - Скорпион

Скорпиона и Тельца объединяет то, что они оба признают силу семьи. Они исходят из нее и формируют ее. Для них нет большего источника пользы и силы, чем любовь, которую может дать нам дом.

Оба знают, что в темные времена мы должны искать убежище среди тех, кого мы любим, кто является нашим происхождением и нашим наследием.

Совместимость Тельца и Стрельца

Совместимость Тельца и Стрельца не самая высокая между знаками. Между ними много различий, и на первый взгляд может показаться, что у них нет ничего общего, хотя, если постараться, они могут найти общий язык.

У Тельца очень высок практический смысл, в отличие от Стрельца, который больше живет иллюзиями и идеалами. Эти различия, проявляющиеся во всех их повседневных действиях, могут приводить к конфликтам между ними, затрудняя любовь, а иногда и дружбу, но не так на рабочем месте, где они могут понять друг друга и воспользоваться общими достоинствами.

Совместимость Тельца и Стрельца в любви

Тельцы и Стрельцы сводят друг друга с ума. Как ни странно, эти два знака неоспоримо притягиваются друг к другу.

Стрелец ценит решительность Тельца, и, хотя кочевой образ жизни Стрельца угрожает спокойствию Тельца, он заинтригован его нетерпеливым нравом.

Секс в этой паре просто фантастический, каждый из них учит другого пробовать что-то новое. Но за пределами спальни эти двое должны приложить немало усилий, чтобы сохранить целостность и долговечность отношений.

Тельцу придется дать Стрельцу пространство, а Стрельцу - найти мир в домашней сфере Тельца. Если каждый из них научится принимать различия друг друга, то эта пара будет иметь невероятную химию.

Совместимость в дружбе Телец - Стрелец

Если Телец большую часть времени расчетлив и спокоен, то Стрелец чрезвычайно энергичен, что противоречит его натуре.

Однообразие Тельца, его способность повторять действия и поступки смущают Стрельца.

Больше всего смущает Ваша новая и восторженная реакция на старые занятия. Даже если Вы каждый день едите один и тот же обед, Ваша восторженная реакция смущает Вашего друга-Стрельца.

Если Тельцу необходимо что-то изменить в своей жизни, он всегда может обратиться к Стрельцу. Если же Стрелец ищет приятного общения или нуждается в поддержке, он может обратиться за помощью к своему другу-Тельцу.

Совместимость Тельца и Стрельца на работе

Стрельцы считают, что самое большое благословение, которое может случиться с ними в плане работы, — это иметь партнера или сотрудника знака Тельца.

Тельцы не знают ни перемирия, ни меры, когда речь идет об ответственности.

Телец, находясь рядом со Стрельцом на работе, учится тому, чего ему всегда не хватало, - умению видеть дальше настоящего.

Вместе с лучником Телец наконец-то сможет увидеть всю картину леса. Именно в сфере работы или профессиональной деятельности Тельцы и Стрельцы найдут наибольшее совпадение в своих взглядах на вещи и в подходах, которые обеспечат им наиболее позитивный опыт.

Несмотря на большие различия в других областях, в этой они могут остаться незамеченными. У Тельца и Стрельца есть одна общая черта, которая обеспечивает их наибольшую совместимость в этой области. Проницательный Телец обнаружит добрую звезду Стрельца, который пользуется покровительством Юпитера, когда речь идет о деньгах.

Вы оба готовы пойти на многое ради достижения своих целей, особенно если они приносят материальную выгоду. Вы можете поддерживать прекрасные отношения в течение многих лет, но могут возникнуть и обстоятельства, которые положат конец казавшимся очень перспективными рабочим отношениям.

Наибольшее расхождение между Тельцом и Стрельцом будет в том, как распоряжаться деньгами, особенно если они поступают от прибыли, полученной в результате совместного бизнеса.

Консервативный Телец не приемлет неоправданного риска, а авантюрный Стрелец будет выдвигать многочисленные инвестиционные предложения. Если Тельцу и Стрельцу не удастся договориться о деньгах, то отношения начнут двигаться в разные стороны.

Семейная совместимость Тельца и Стрельца

Стрельцы предпочитают избегать темы семьи, видя в ней серьезное препятствие для тех, кто хочет реализовать свои личные амбиции.

Вы чувствуете, что, если у Вас появится семья, придется отказаться от всего того, за что Вы боролись и к чему хотите стремиться и дальше.

Телец не задумывается о создании семьи со Стрельцом, так как считает его холодным человеком, не передающим тепло домашнего очага, которого не трогают простые и свежие вещи совместной жизни.

Совместимость Тельца и Козерога

Совместимость Тельца и Козерога очень высока. Оба они - земные знаки, и им естественно комфортно друг с другом.

Кроме того, у них схожее время и общие черты характера, такие как реализм и разумность, а также потребность в стабильности и обязательствах. Они всегда ищут безопасности и найдут ее в отношениях любого рода, если Телец и Козерог окажутся вместе.

Однако они должны следить за тем, чтобы такое спокойствие и защищенность не превратились в рутину и монотонность, что является самой большой опасностью для отношений любого рода.

Совместимость Тельца и Козерога в любви

Телец и Козерог - очень совместимая пара. Тельца очень восхищает непоколебимая преданность Козерога, а Козерогу нравится элегантность и домашний уют Тельца.

Оба они - высококвалифицированные и простые люди, прекрасно понимающие друг друга. Конечно, во всех отношениях есть работа, и в данном случае обеим сторонам приходится много работать.

Телец будет пытаться подбодрить вспыльчивого Козерога - тщетные усилия для этого детского знака повелителя кармы, и точно так же Козерог, как знак стихии Земли, будет пытаться приучить Тельца к ответственности, однако, если эти два знака сосредоточатся на сходстве, а не на различиях, они могут очень хорошо работать.

Дружеская совместимость Тельца и Козерога

Эти двое - земные знаки, поэтому у них схожие черты, характеры и устремления.

Несмотря на то, что они оба очень требовательны, они быстро сближаются. Это объясняется тем, что они понимают менталитет друг друга и помогают друг другу достигать поставленных целей.

Если Козерог жаждет уважения и престижа, то Телец обожает и жаждет красоты. Оба нуждаются в комфортной и стабильной жизни. Телец может помочь Козерогу найти работу, которую тот заслуживает.

 Основное различие между этими двумя знаками заключается в стиле и характере работы. Если

Козерог работает много и неустанно, то Тельца лень может выбить из колеи. Кроме того, нет никаких серьезных причин для того, чтобы дружба ослабла в любой момент.

Совместимость Тельца и Козерога на работе

В любви к работе Козерогов превосходят только Тельцы.

Для обоих знаков работа необходима, чтобы обрести индивидуальность и смысл существования. Они с энтузиазмом относятся к своим задачам, у них есть реальное желание добиться успеха, отдать всего себя и получить взамен все лучшее, что может предложить жизнь.

Для Козерога работа — это инструмент для роста, а для Тельца этот инструмент имеет причину существования - получение того, что мы хотим дать тем, кого любим.

Семейная совместимость Тельца и Козерога

Козерог и Телец имеют между собой сильную животную составляющую, и это вызывает у них желание быть в стае.

Оба знака не только ценят идею семьи, но и знают, что она нужна им как нечто, что питает и лечит их.

Телец и Козерог - идеальная пара, когда речь идет о создании семьи. Для них нет ничего выше дома. Ничто не стоит между ними и их долгом перед близкими. Для этих двоих нет ничего лучше настоящей любви, любви к семье.

Совместимость Тельца и Водолея

Совместимость Тельца и Водолея не всегда так высока, как хотелось бы. Различия между земным знаком Тельца и воздушным знаком, к которому принадлежит Водолей, всегда означают различия, которые необходимо уравновешивать.

Вам придется приложить всю свою силу воли, чтобы адаптироваться в любой сфере. Терпение Тельца может очень помочь Вам в решении этой задачи и преодолеть расстояния, которые могли бы стать пропастью. Водолей также использует для этого свою интуицию. Однако чаще всего консервативная сторона Тельца и склонность Водолея к новизне будут конфликтовать.

Совместимость Водолея и Тельца в любви

Телец и Водолей — это мелодрама. Традиционные взгляды Тельца старомодны по сравнению с либеральным Водолеем, чья креативность выливается в бунтарскую художественную экстравагантность.

В то время как Телец требует организованности и благополучия, Водолея стимулирует абстрактное и интеллектуальное. По сути, нет таких бескомпромиссных знаков, как эти два, что делает пару Телец-Водолей очень сложной.

Если Телец и Водолей ищут отношения, им следует сосредоточиться на компромиссе, терпении и терпимости, чтобы обеспечить чистоту отношений. Этим двум знакам необходимо научиться общаться через общие интересы. В этом случае их отношения будут прочными и стабильными.

Дружеская совместимость Водолея и Тельца

Эта дружба будет нелегкой для обоих знаков. Однако они умеют преодолевать трудности. Их интерес и потребность в материальных благах часто могут стать большим различием между этими знаками, а иногда даже угрозой.

В то время как Водолей меньше озабочен накоплением материальных благ, Тельцу это доставляет удовольствие. Кроме того, Телец предпочитает находиться рядом с друзьями, в то время как Водолей любит большую часть времени быть один.

Однако, поскольку оба знака ценят достоинства друг друга, такая дружба может быть долговременной.

Совместимость Водолея и Тельца на работе

Водолеи сторонятся работы, поскольку не верят в нсс как в двигатель существования. Любое оплачиваемое и рутинное действие воспринимается ими как форма рабства.

Именно поэтому им выгодны отношения с Тельцом, который является самым трудолюбивым знаком Зодиака.

Рядом с Тельцом Водолей поймет истинную суть работы. Чему она нас учит и заставляет расти, как закаляет характер и делает нас более стойкими перед лицом реальных жизненных проблем.

Вместе с Тельцом Водолей откроет глаза на благословения самореализации.

Семейная совместимость Водолея и Тельца

Водолеи находят в Тельце другого человека, который, как и они, верит в прочность и необходимость семейной жизни, а также в то, что мы как личности должны бороться за нее.

Для Тельца, как и для Водолея, семья — это та армия, с которой мы сталкиваемся с жизненными пороками и которая позволяет нам их победить.

Совместимость Тельца и Рыб

Совместимость Тельца и Рыб очень высока, особенно в дружбе. Хотя они принадлежат к антагонистическим знакам, соответственно Земле и Воде, их отношения любого рода будут очень хорошими.

Их черты характера совпадают или очень хорошо дополняют друг друга, поэтому, что бы ни делал другой знак, Телец и Рыбы сочтут это уместным, поймут их мотивы и одобрят любой их поступок.

Они могут составить прекрасную пару, иметь лучшего друга в другом знаке и иметь долгие и очень плодотворные рабочие отношения, подарок жизни.

Совместимость Тельца и Рыб в любви

Тельцы и Рыбы обладают невероятным потенциалом как пара. Творческий потенциал Рыб вдохнет жизнь в эффективное видение Тельца, а слаженность Тельца станет для Рыб системой поддержки, позволяющей им раскрыть свою уникальность.

Между этими двумя знаками существует невероятный союз, хотя они очень непохожи друг на друга. Стремительность Рыб может поставить стабильного Тельца в неловкое положение.

Если возникнет конфликт, Тельцу следует быть очень осторожным в расстановке сил. Рыбы очень эмоциональны, и если они будут чувствовать себя скованно, то могут уйти навсегда. При небольшом интересе и старании могут зародиться отношения без срока годности.

Дружеская совместимость Тельца и Рыб

Дружба между этими двумя знаками, пожалуй, одна из самых легких и радостных связей среди всех других сочетаний.

Рыбы обладают прекрасным чувством юмора и творческими способностями, что очень нравится Тельцу. Рыбы восхищаются практическим подходом и здравым смыслом Тельца.

В дружбе обоим есть что предложить. Например, Рыбы учатся у Тельца управлению финансами и организаторским способностям, а их друг-Телец приобретает у Рыб творческие навыки.

Чтобы дружба продлилась долго, Тельцу придется мириться с непунктуальностью Рыб, а Рыбам - не обращать внимания на негибкость и упрямство Тельца. Чтобы преодолеть эти мелкие досады, найдите хобби, которое будет вам нравиться.

Совместимость Тельца и Рыб на работе

Рыбы - знак непродуктивный. На самом деле, мистика работы ускользает от них, и они предпочитают избегать таких усилий, какой бы ни была цель.

Невозможно заставить их понять важность работы. Если только вы не Телец.

Телец понимает работу как религию и каждый день отдает ей дань уважения, прилагая усилия и преданность делу. Такая самоотверженность задевает Рыб, которые видят в ней нечто такое, что побуждает их приступить к работе вместе с Быком.

Телец - лучший учитель Рыб в вопросах работы.

Семейная совместимость Тельца и Рыб

Если и есть два знака, которые создают идеальную семью, то это именно они.

С самого объединения своих стихий, Воды и Земли, оба знака несут в себе признаки плодородного и творческого союза.

В его доме встречаются силы трудолюбия и воображения, материального и духовного.

Если они решат завести детей, то путь будет интенсивным и плодотворным, с крепким и счастливым домом, где каждый из супругов будет знать, как отдать свою долю.

Лучшие домашние животные для Тельца

Для Тельца лучше всего подойдет тихое домашнее животное, которое будет верным и спокойным компаньоном. Животное, которое может лечь в постель, чтобы дать вам необходимое тепло, лечь к вам на колени, пока вы работаете или смотрите телевизор.

Собаки и кошки лучше всего соответствуют вашему характеру. Они ласковы и требовательны.

Если вы выбираете собаку или кошку, постарайтесь завести их с раннего возраста, чтобы они могли адаптироваться к вашему характеру.

Вам нужен питомец, который будет следовать за вами по дому, ждать вас на улице и радоваться вашему приходу.

Для вас домашние животные — это часть вашей семьи, и вы относитесь к ним как к людям, которые разделяют вашу жизнь. Вы относитесь к ним с нежностью и отождествляете себя с ними, вы ответственны и хотите, чтобы они любили вас.

Домашние животные, рожденные под знаком Тельца

Животные, рожденные под знаком Тельца, привычны и ласковы, независимо от их вида.

Они любят общение с людьми, стремятся к домашнему очагу, очень жизнерадостны и не очень агрессивны. Они любят уютно устроиться на диване и иметь миску с едой.

Они не агрессивны, но при необходимости всегда защитят своих хозяев от агрессии.

Подходящие подарки для Тельцов

Телец - любитель труда и его плодов, поэтому мужчины и женщины этого знака умеют ценить роскошь и те предметы, которые делают жизнь более приятной.

То, что приводит нас в восхищение и наслаждение чувствами, будет по достоинству оценено людьми, родившимися под этим знаком. Не стесняйтесь вкладывать деньги в то, что их порадует, ведь их благодарность будет длиться всю жизнь.

Подарки для женщины, принадлежащей к знаку Тельца

Женщина знака Тельца любит роскошь, но ту, которая заработана усилиями. Вы можете преподнести ей дорогой и эффектный подарок, но только в том случае, если отношения, которые у Вас с ней сложились, в какой-то мере оправдывают этот подарок.

Не удивляйте ее чем-то, чтобы завоевать ее расположение, так как она почувствует, что ее делают частью чего-то, чего она не заслуживает.

Женщине-Тельцу не стоит дарить подарки до тех пор, пока в отношениях или дружбе не пройдет достаточно времени, чтобы оправдать расходы в ее глазах.

Когда дружба или партнерство укоренились, важно знать, что все, что вы ему дарите, должно быть уникальным, самого высокого качества и по разумной цене.

Ювелирные украшения, платья, аксессуары - только если они дизайнерские и оригинальные; если это ужин, то в дорогих ресторанах с хорошим выбором вин, изысканных блюд, оригинальной парфюмерии, дизайнерских предметов декора.

Женщинам-Тельцам, как правило, нравятся кристаллы и кварц, поскольку они рассматривают их медленное формирование под воздействием времени и Земли как метафору терпеливого труда.

Подарки для мужчины знака Телец

Мужчины знака Тельца любят делать то, что укрепляет их имидж и приносит пользу на работе. Они прирожденные трудоголики, считающие, что все, что не приносит результата, не имеет смысла существовать.

Этому человеку следует дарить костюмы и официальную одежду, офисные принадлежности, компьютеры, фирменные ручки, цифровые фотоаппараты. Ему также можно подарить тренажеры или абонементы в оздоровительные центры.

Вообще, для мужчин-Тельцов лучше всего подходят подарки, имеющие очевидное применение, так как они презирают то, что, по их мнению, не имеет реальной пользы, поэтому об ужинах, прогулках и предметах декора лучше забыть.

Приветствуются изысканные блюда, элитная кухонная утварь и вообще все, что помогает развивать практические навыки.

Легким выходом для Тельца, несомненно, является подарочная карта, и вы можете быть уверены, что она будет вложена так, как пожелает одариваемый.

Здоровье представителей знака Телец

Чтобы сохранить свое благополучие, Тельцам необходимо жить без глупостей или, по крайней мере, без излишеств. При соблюдении регулярности в жизни представителям этого знака, обычно обладающего очень хорошей физической конституцией, удается достичь зрелости с достаточным здоровьем или минимальными нарушениями.

Но если, напротив, чрезмерно увлечься едой, сексуальной активностью или даже стрессовой работой, что бывает довольно часто, то можно обнаружить у себя заболевания, которые вскоре станут хроническими.

Телец управляет шеей и горлом, а именно эти части тела могут страдать от некоторых патологий, особенно если Солнце не находится в гармоничном аспекте с Асцендентом.

В результате наиболее распространенными заболеваниями являются фарингит, тонзиллит и заболевания голосовых связок, которые могут варьироваться от простой афонии до полипов.

Другими характерными заболеваниями являются шейный остеоартроз или нарушение работы щитовидной железы, паротит и дифтерия. Ухо также может быть поражено отитом или даже лабиринтитом - заболеванием, вызывающим потерю равновесия.

Кроме того, из-за рефлекторного действия своего противоположного знака Скорпиона довольно часто могут возникать заболевания половых органов, мочевыводящих путей и анального отверстия.

Поскольку физическая конституция Тельца в целом прочная или, по крайней мере, крепкая, этот знак испытывает потребность в пышных застольях, в связи с чем у него также могут возникать проблемы с обменом веществ.

Решить эту проблему можно с помощью соответствующей диеты и сбалансированной физической активности, которая может заключаться в игре в гольф или ежедневных прогулках продолжительностью более получаса.

Реальным средством лечения будет жизнь на свежем воздухе. Очень важно также изучить положение Венеры, которая управляет этим знаком. Если она находится в хорошем положении по отношению к другим планетам, то можно быть уверенным, что здоровье почти всегда будет оптимальным.

Если аспекты, которые он получает, являются сложными, то все патологии могут быть акцентированы, с риском возникновения дисбалансов различного рода, которые могут привести к высоким значениям холестерина и мочевой кислоты и даже к диабету.

Однако эти случаи ограничены, так как в целом здоровье Тельца обычно не доставляет чрезмерных проблем. Стоит помнить о необходимости приема сульфата натрия для регулирования задержки воды в организме. Также достаточно важно следить за своим питанием, как в количественном, так и в качественном отношении.

Пища должна быть как можно более свежей, рекомендуется любое мясо и рыба, а в качестве овощей - шпинат, лук, тыква, огурцы и капуста, которые содержат сульфат натрия.

Отлично подходят все цитрусовые, а для горла рекомендуется настой шалфея.

Для борьбы с дисбалансом щитовидной железы, будь то ее избыток или недостаток, рекомендуется под наблюдением врача употреблять продукты, содержащие йод, такие как рыба, яичные желтки, ананасы и морские водоросли.

В любом случае следует избегать всех продуктов, которые нравятся этому знаку, - тушеных блюд, острых соусов, сладостей и, конечно, больших застолий.

Растения для Тельца

Базилик: хорошо известен тем, что придает особый вкус блюдам, эта трава не может не присутствовать во вкусных соусах для пасты.

Однако он также обладает способностью привлекать удачу и отгонять несчастья.

Лучшие страны и города для жизни

Страны: Ирландия, Иран, Грузия, Греция, Кипр, Беларусь.

Города: Кавказ, Тасмания, Анатолийская Турция, Дубай, Берлин, Лейпциг, Мантуя, Парма, Палермо, Сан-Франциско Родос и Лондон.

Любовные ритуалы для знака Телец

Заклинание для привлечения родственной души

Вам потребуется:

- Листья розмарина

- Листья петрушки

- Листья базилика

- Металлическая посуда для запекания

- 1 красная свеча в форме сердца

- Эфирное масло корицы

- 1 сердце, нарисованное на красной бумаге

- Лавандовое масло

Сначала нужно освятить свечу маслом корицы, затем зажечь ее и поставить рядом с металлической чашей. Смешайте все растения в чаше.

Напишите на бумажном сердце все характеристики человека, которого вы хотите видеть в своей жизни, запишите все подробности. Налейте на бумагу пять капель лавандового масла и положите ее в маленькую миску. Сбрызните ее спиртом и подожгите. Все остатки нужно разбросать на берегу моря, при этом сосредоточиться и попросить, чтобы этот человек появился в вашей жизни.

Ритуал для привлечения любви

Вам необходимо

- Розовое масло

- 1 розовый кварц

- 1 яблоко

- 1 красная роза в маленькой вазе

- 1 белая роза в маленькой вазе

- 1 длинная красная лента

- 1 красная свеча

Для достижения максимальной эффективности этот ритуал следует проводить в пятницу или воскресенье, в момент нахождения планеты Венера или Юпитер.

Перед началом ритуала с использованием розового масла необходимо освятить свечу. Зажгите свечу. Разрежьте яблоко на две части и положите одну из них в вазу с красной розой, а другую - в вазу с белой розой. Обвяжите обе вазы красной лентой. Оставьте их на ночь рядом со свечой, пока свеча не догорит. При этом мысленно повторяйте: "Пусть на моем пути появится человек, которому суждено сделать меня счастливым, я принимаю и принимаю его". Когда розы высохнут, вместе с половинками яблок закопайте их во дворе или в горшке с розовым кварцем.

Денежный ритуал для Тельца

Ритуал для привлечения процветания.

Вам потребуется:

- 7 головок чеснока

- 7 столовых ложек морской соли

- 7 листьев петрушки

- 7 листьев базилика

- 7 листьев мяты

- 7 литров святой воды

- 1 пластиковая ручка без крышки

Прокипятите все ингредиенты в течение тринадцати минут, дайте остыть, перелейте препарат в пластиковую ручку и положите ее под кровать.

Вы должны будете оставаться там в течение трех ночей подряд.

На четвертый день добавить три горсти морской соли и выставить на лунный свет на одну ночь, на следующий день выбросить подальше от дома, по возможности в место, где есть деревья.

(Вы можете приготовить этот магический ритуал для очистки пола в вашем доме или на предприятии).

Предпочтительно в четверг или пятницу в момент нахождения планеты Венера, Юпитер или Солнце.

Перец для привлечения денег.

Вам потребуется:

- 7 горошин перца

- 7 листьев руты.

- 7 зерен крупной морской соли

- 1 маленький красный тканевый мешочек.

- 1 красная лента

- 1 цитрусовый кварц

Поместите все ингредиенты в пакет. Закройте его красной лентой и оставьте на ночь под светом полной луны.

Затем в течение девяти дней спите с ним под подушкой. Носите его с собой в незаметном месте на теле.

Бизнес-клининг для процветания.

Вам потребуется:

- Листья базилика

- 7 зубчиков чеснока

- Листья розмарина

- Листья шалфея

- 7 листьев руты

- 7 листьев мяты

- Душица

- 7 листьев петрушки

- Морская соль

- 10 литров святой воды или воды полнолуния

Все ингредиенты кипятить в течение часа.

После остывания процедить и девять дней подряд распределять по семь ложек этой жидкости во внутренних и внешних углах глаз. Начинать этот ритуал следует всегда в период активности планеты Венера или Юпитер.

Ритуал на выигрыш в лотерею. Полнолуние.

В ночь полнолуния соберите все не выигранные лотерейные билеты и сожгите их с помощью золотой свечи, мысленно повторяя: "Пусть весь ваш прах вернется в мою жизнь в виде выигрышей и призов". Менее чем через 40 дней Вы получите вознаграждение.

Для экономического процветания.

Вам потребуется:

- 3 веточки свежего розмарина

- 3 зернышка крупной морской соли

- 1 желтая свеча

- 3 чайные ложки семян горчицы

- 1 фаянсовый сотейник

- 3 участка земли

Положите на сковороду крупинку крупной морской соли, горсть земли, чайную ложку горчицы и веточку розмарина в следующем порядке.

Так повторять до тех пор, пока все ингредиенты не окажутся в горшке. Поставьте перед горшком желтую свечу и зажгите ее, а тем временем повторяйте вслух следующее обращение: "Пусть этот горшок процветания привлечет в мои руки сокровища земли, отгонит дурное влияние и принесет в мою жизнь изобилие.

Когда свеча погаснет, закопайте все останки в саду
или в горшке с цветущими растениями.

Привлекает материальное изобилие.

Вам потребуется:

- 1 золотая монета или золотой предмет, без
камней.

- 1 медная монета

- 1 серебряная монета

В ночь полумесяца, держа монеты в руках,
подойдите к месту, где их освещают лучи Луны.

Подняв руки вверх, повторяйте: "Луна помоги мне,
чтобы моя удача всегда росла и процветание
всегда было со мной". Пусть монеты звенят в
ваших руках.

Затем вы будете хранить их в своем кошельке.
Этот ритуал можно повторять каждый месяц.

Новолуние, вестник денег.

Вам потребуется:

-1 серебряная монета

Пусть монета обретет спокойствие первого дня новолуния. Затем храните ее там же, где и деньги.

Этот ритуал необходимо повторять каждый месяц, потому что со временем эта монета станет вашим магическим талисманом для денег.

Защитите свой бизнес от черной магии.

Вам потребуется:

- 1 долька чеснока

- 4 серебряные монеты.

- 1 кусок черной ткани

- 1 плоская белая стеклянная тарелка

- 1 белая свеча

В день Полумесяца повесьте нитку чеснока на внутреннюю сторону входной двери вашего предприятия.

В углу помещения, который находится с левой стороны и сзади, разверните черную ткань и положите монеты на четыре угла ткани.

Затем поставьте свечу на тарелку, положите ее поверх ткани и зажгите свечу. дайте ей полностью прогореть.

Монеты никогда не следует тратить, заверните их в черную ткань и спрячьте внутри кассового аппарата.

Кубинский ритуал изобилия.

Вам потребуется:

-1 столовая ложка меда

-1 столовая ложка белого или яблочного уксуса

Во время растущей Гиббусовой Луны, перед выходом на работу, а также в период планеты Юпитер или Венера мойте руки так, как вы это обычно делаете.

 Затем ополосните их уксусом, полейте медом и снова ополосните, но не вытирайте насухо, при этом мысленно повторяйте: "Деньги придут и останутся со мной". Затем громко хлопните в ладоши.

Ритуал на процветание при открытии бизнеса.

Вам потребуется:

- 1 новая ваза, прозрачная

- 5 монет

- Святая вода

- 1 зеленая лента

- 1 пучок руты

- 1 веточка розмарина

- 1 пучок петрушки

Если вы начинаете открытие своего бизнеса на растущей Луне, то вам посчастливится провести этот ритуал. Наполните вазу священной водой, насыпьте в нее монеты.

Возьмите все пучки растений и сформируйте букет, к которому привяжите зеленую ленту и сделайте бант. Поместите его в вазу. Этот ритуал можно повторять, когда захочется.

Замените ленту, если она испортилась, если ваза повреждена, замените ее, то же самое сделайте с букетом. Если вы видите, что монеты испачкались, очистите их водой, моющим средством и небольшим количеством Aguaflorida.

Ванная комната для привлечения экономических выгод

Вам потребуется:

- 1 растение руты

- Цветочная вода

- 5 желтых цветков

- 5 столовых ложек меда

- 5 палочек корицы

- 5 капель эссенции сандалового дерева

- 1 палочка сандалового ладана

В первый день полумесяца в час благоприятный для процветания, прокипятите в течение пяти минут все ингредиенты, за исключением Аква флоры и ладана.

Разделите эту ванну на части, так как ее нужно делать в течение пяти дней. Ту, которую вы не используете, следует держать в холоде. Добавьте в препарат немного Агуафлориды и зажгите благовония.

 Принять ванну и ополоснуться как обычно. Медленно опускайте препарат от шеи к ногам. Делайте это в течение пяти дней подряд.

Ритуал здоровья для Тельца

Заклинание для сохранения здоровья

Необходимые элементы.

-1 белая свеча.

-1 священная карточка Ангела вашей преданности.

-3   сандаловое благовоние.

-Растительные углеводороды.

-Сушеные травы   эвкалипта и базилика.

-Горсть риса, горсть пшеницы.

-1 белая тарелка или поднос.

-8   лепестков розовой розы.

-1 флакон для духов, персональный.

-1 деревянный ящик.

Для очищения помещения следует зажечь угли в металлической емкости. Когда угли хорошо разгорятся, положите на них понемногу сухие травы и обойдите с контейнером все помещение, чтобы устранить негативные энергии. После того как благовония сгорят, откройте окна, чтобы дым рассеялся.

Подготовьте алтарь на столе, покрытом белой скатертью. Положите на него выбранную священную карту, а вокруг нее разместите три благовония в форме треугольника.

Необходимо освятить белую свечу, затем зажечь ее и поставить перед ангелом вместе с незамутненными духами. Вы должны быть расслаблены, для этого сосредоточьтесь на своем дыхании.

Визуализируйте своего ангела и поблагодарите ее за все хорошее здоровье, которое у вас есть и будет всегда, эта благодарность должна исходить из глубины вашего сердца.

После того как вы поблагодарите, дайте в качестве подношения горсть риса и горсть пшеницы, которые следует поместить в белый поднос или тарелку. Рассыпьте все лепестки роз на алтаре, еще раз поблагодарив за оказанные милости.

После благодарственного молебна свечу следует оставить гореть до полного сгорания. Последнее, что нужно сделать, — это собрать все остатки свечи, ладана, риса и пшеницы, поместить их в полиэтиленовый пакет и выбросить в месте, где есть деревья без пакета.

Поместите карту ангела и лепестки роз в коробку и поставьте ее в безопасное место в вашем доме.

Энергетические духи, используйте их, когда почувствуете, что энергии снижаются, при этом визуализируйте своего ангела и просите его о защите. Этот ритуал наиболее эффективен, если проводить его в четверг или понедельник в период Юпитера или Луны.

История созвездия Тельца

Поскольку Телец - одно из самых древних созвездий, неудивительно, что с ним связано множество мифов и историй.

Символ Тельца был принят в различных мифологиях из-за его важной роли в сельскохозяйственном календаре. Мифы и сказания о Тельце встречаются в древнем Вавилоне, Египте, Шумере, Ассирии, Аккаде, Риме и Греции.

Тельца можно узнать из эпоса о Гильгамеше, где богиня Иштар послала Тельца убить Гильгамеша в наказание за его победы над ней.

Возможно, вы также слышали о шумерской богине сексуального наслаждения, плодородия и войны Инна не, которая была тесно связана с Тельцом.

В древнегреческой мифологии о Тельце есть в основном два значимых сюжета, оба связаны с Зевсом, царем всех богов.

Первый миф — это история ложного обличья, в которой Зевс переодевается в белого Тельца, чтобы соблазнить легендарную финикийскую принцессу Европу. Вскоре Европа поняла, что перед ней на коленях стоит Зевс, переодетый в Тельца, и влюбилась в его очарование.

Тогда она решила взобраться ему на спину и вместе с ним переплыть через воду на Крит, где родила ему троих детей. История не закончилась счастливым концом.

Затем Европа сбежала и вышла замуж за Астероида, царя Крита, а его сыновья унаследовали трон после него.

Второй миф проливает свет на неверность Зевса своей жене Гере, в результате которой он вступил в связь с Ио, своей жрицей. Вскоре Гера узнала об этом, и тогда она отомстила. Она прокляла Ио, превратив ее в корову, которую вечно будет жалить лошадиная муха, и заставила жить без отдыха и комфорта.

В конце концов Ио укрылась в Египте, где Зевс вернул ей прежний облик. Позже она родила сына, который правил Египтом после Зевса, и дочь.

Эти мифы тесно коррелируют с личностью мужчины-Тельца.

Они рассказывают историю могущественного и беспрецедентного человека, посвящая нас в детали его путешествия в поисках любви, страсти, сексуальных устремлений и земных удовольствий. Они показывают, как даже самый влиятельный человек принимает ложный облик, чтобы соблазнить свою возлюбленную, а затем похитить ее в путешествие через весь мир.

Они также показывают, как худшие черты характера могут взять верх над Тельцом, когда планеты этого знака бросают вызов его достоинству и принципам. В этом случае худшие черты характера Тельца могут взять верх и привести к измене, причем женатый мужчина может завести роман даже с сестрами и ближайшими подругами своей жены.

Одним словом, мифы о Тельце рисуют яркую картину блуждающего Тельца, столкнувшегося с последствиями своих поступков. Это человек, который предал самых близких друзей и самые святые отношения, после чего потерял все.

Они вынуждены скитаться по дальним уголкам земли в поисках того, что у них когда-то было и что они разрушили, пытаясь при этом найти что-то похожее. Они не знают, что единственный способ вернуть эту любовь — это внести структурные изменения в свои представления и убеждения, а это самая сложная задача, которую можно поставить перед Тельцом.

Луна в натальном знаке Тельца

Тельцы верны и преданны своим близким. Эта преданность отражается в положении Луны в Тельце. Это положение помогает им поддерживать хорошие отношения с окружающими, а также показывает, как проявлять терпение и давать им достаточно времени для созревания.

Они любят хорошо одеваться и быть модными, стараются по максимуму использовать одежду и парфюмерию признанных марок. Они капризны, когда речь идет о вкусной еде, которая должна быть хорошо приправлена и приготовлена в совершенстве.

Когда Луна находится в знаке Тельца, она усиливает дружелюбие и оптимизм людей, родившихся под этим знаком Зодиака. Они стремятся чувствовать себя уверенно рядом с близкими людьми и проявлять свою заботу о них.

 Люди с Луной в Тельце любят семейную обстановку. Они идут на большие жертвы, стараясь сохранить семью в целости и сохранности. Их сила воли несокрушима, они практически несут в себе домашние привычки в генах. Они делают все, что в их силах, чтобы сохранить крепкие отношения и чувствовать себя в безопасности в своей семье.

Люди с Луной в знаке Тельца чрезвычайно сосредоточены и уверены в своих стремлениях. Они также заставляют окружающих чувствовать себя уверенно и спокойно.

Они не любят экстравагантности и очень тщательно изучают свои межличностные отношения. Они любят находиться в обществе людей, обладающих большим спокойствием и внутренним миром.

Они любят порядок во всех смыслах, импровизации и непредвиденные обстоятельства выводят их из равновесия или из зоны комфорта. Им совершенно не свойственны эмоциональные всплески. Прежде чем взять на себя обязательства, они очень осторожны и изучают все "за" и "против", прежде чем двигаться вперед.

Они очень тверды в своих решениях благодаря тому, что перед принятием решения тщательно его анализируют. Это делает их людьми, которым можно доверять.

Они чрезмерно привязаны к рутине, не очень уверенно чувствуют себя, когда их выбивают из установленных шаблонов.

В отношениях они очень романтичны и любят демонстрировать свою приверженность отношениям поступками. Если все идет хорошо, они склонны быть очень верными и демонстрировать все свои чувства.

Кроме того, Луна в Тельце наделяет их большой чувствительностью, которая помогает им понимать и принимать других людей. Она также наделяет их большой способностью к терпению, что помогает им быть терпимыми к другим.

Такая позиция дает им большую способность принимать любые изменения и легко адаптироваться к жизненным переменам.

Луна в Тельце также представляет творческую сторону Тельца. Это положение помогает Вам взглянуть на жизнь под другим углом зрения и дает творческий образ, необходимый для развития Вашего творчества. Это положение дает Вам способность создавать что-то необычное и таким образом достигать поставленных целей.

Мужчины с Луной в Тельце

Человек с Луной в Тельце - одна из самых ответственных и терпеливых личностей во всем Зодиаке. Он будет ждать, когда перед ним откроются новые возможности, прежде чем воспользоваться ими.

Вы хотите убедиться в том, что все встанет на свои места, прежде чем принять решение о том или ином варианте действий и выложить все свои карты на стол.

Не менее важна и финансовая безопасность, и он твердо стоит на ногах перед лицом любых трудностей, не позволяя ничему остановить его движение вперед. В романтическом плане он очень предан, почти до совершенства, когда решает, что его партнер этого заслуживает.

Конечно, то, что большую часть времени он играет спокойно, не означает, что он не злится.

Прежде всего, его раздражают люди, которые разочаровывают его и манипулируют им. Обычно он старается не допускать таких людей в свое окружение, но может и ошибаться.

Лично его художественное чутье зашкаливает: его очень интересует, что делает что-то красивым и как вообще можно создать нечто подобное.

Он также очень романтичный человек, или, по крайней мере, склонный к романтическим жестам.

Как только он осознает, что полюбил кого-то, его заботливая и сострадательная натура начинает проявляться, и он также ощущает потребность в отношениях,

Об измене не может быть и речи, поскольку он любит поддерживать порядок в делах, руководствуясь рутиной.

Человек, родившийся с Луной в Тельце, - очень щедрая личность, которая не смотрит на деньги, если кто-то из его друзей попал в безвыходную ситуацию или если к нему в дом пришел нуждающийся.

Женщины с Луной в Тельце

Женщины с Луной в Тельце обладают сильным и надежным характером. Это спокойные, консервативные и стойкие люди, ценящие материальное и эмоциональное благополучие.

Они способны упорно трудиться для достижения своих целей и сохранения финансовой стабильности. Это ласковые и заботливые матери, иногда чрезмерно опекающие своих близких.

Эти женщины, как правило, прекрасно разбираются в кухне и любят готовить домашние блюда для своих близких. Эти женщины обладают большой способностью к заботе и ласке.

Они преданы и верны своим близким. Это целеустремленные и фиксированные люди, иногда слишком упрямые, чтобы изменить свое мнение. Они связаны с землей и любят работать руками. Они очень практичны и бережливы, но любят наслаждаться материальными радостями жизни.

Они любят отдыхать и вести спокойный образ жизни, слушать музыку и заниматься активным отдыхом, например верховой ездой, парусным спортом или гольфом.

Знаменитые женщины с Луной в знаке Тельца

Габриэла Сабатини, Мишель Пфайффер, Пенелопа Крус, Кирстен Данст, Ума Турман, София Коппола, Энди Макдауэлл, Трейси Лорд, Рене Зеллвегер, Шер, Энь.

Знаменитые люди с Луной в знаке Тельца

Дэвид Бекхэм, Джек Николсон, Джордж Клуни, Аль Пачино, Энрике Иглесиас, Пирс Броснан, Тим Рот, Боно, Джерри Райнфельд, Джордж Лукас, Стиви Уандер.

Совместимость зодиакальных Лун и Луны в Тельце

Луна очень важна в совместимости, фактически, она почти более важна, чем Солнце, поскольку Луна показывает вашу эмоциональную природу, то, как вы формируете привязанности, что вам нужно, чтобы чувствовать заботу, и как вы заботитесь и обслуживаете других.

Когда ваш знак Луны совместим со знаками, в которых находятся планеты вашего партнера, вы питаете, углубляете, смягчаете, успокаиваете и вдохновляете эти аспекты своей личности.

Хотя ваш знак Солнца представляет уроки, которые вы должны усвоить в жизни, именно знак Луны по-настоящему отражает вашу душу.

Мы не проявляем характеристики своего знака Солнца, мы всегда проявляем характер своего знака Луны.

Луна в Тельце с Луной в Овне

Характер приобретает сарказм и дух инициативы, спокойствие знака нарушается вспышками гнева. Вы будете проявлять больше энтузиазма, но и меньше терпения, неподвижности и споров. Чувства более пылкие, инстинктивные, менее рефлексивные.

Боевая, динамичная, ревнивая и несколько беспринципная, она доминирующая женщина, которая навязывает себя как с мягкостью, так и с агрессивностью. Ищет активного партнера, который возьмет бразды правления в свои руки.

Луна в Тельце с Луной в Тельце

В этой конфигурации много чувственности и нежности, большая потребность в физическом контакте, но также практичность и стремление к надежной и длительной привязанности, большое желание обладания и, как следствие, ревность.

Луна в Тельце с Луной в Близнецах

Лунная энергичность освещает характер, делает его более ярким и гибким. В результате Телец становится более живым, с еще более живыми рефлексами, но и более тревожным, ему не всегда удается оставаться верным себе, его чувства колеблются между стремлением к стабильности и удовольствием от новых эмоций.

Луна в Тельце с Луной в Раке

Это ласковое и романтичное сочетание, наполненное чувствительностью и творческим потенциалом, но лишенное некоторой энергичности и предприимчивости. Любовь играет важную роль, как и семья, дети и уютный дом; чувства переживаются с энтузиазмом и некоторой тревогой.

Луна в Тельце с во Льве

Энергия, пресловутое упрямство и стремление к превосходству — вот наиболее характерные черты этого сочетания. Материализм приобретает более акцентированный оттенок, а претенциозность возрастает в ущерб традиционной для Тельцов рассудительности.

Луна в Тельце с Луной в Деве

Это очень приземленное сочетание, в котором преобладают практические ценности, такие как здравый смысл, практичность и прагматизм. Осторожные и недоверчивые, они планируют жизнь до мельчайших деталей, и любовь вряд ли застанет их врасплох, так как они склонны контролировать свои эмоции, однако, убедившись в партнере, они склонны расслабляться.

Луна в Тельце с Луной в Весах

Венера управляет обоими знаками и наделяет их вежливым и общительным характером, переполненным обаянием и добротой. Спокойные и привлекательные, эти люди испытывают большую потребность любить и быть любимыми, и они удовлетворяют ее в полной мере, так как умеют создавать безмятежную атмосферу в своем окружении.

Луна в Тельце с Луной в Скорпионе

Эти отношения характеризуются большой жаждой власти и сочетанием прожорливых аппетитов, начиная с секса и заканчивая склонностью к амурным излишествам. Личные желания ставятся превыше всего, даже над объектом своей любви, при этом делается вид, что нужно держать под контролем других, особенно своего партнера.

Луна в Тельце с Луной в Стрельце

Эта комбинация порождает простой, веселый и сердечный темперамент, сопровождаемый некоторой склонностью к излишествам. Менее благоразумный и более авантюрный, чем средний Телец, он отличается вспыльчивостью, которая выражается в щедрых порывах и инстинктивной страсти, очень чувствительной к физическому желанию.

Луна в Тельце с Луной в Козероге

Они честны и ответственны в отношениях, серьезны и амбициозны, но несколько оборонительно и склонны контролировать свои эмоции и чувства на эмоциональном уровне. Когда они отдают себя, то делают это трезво, без излишеств, слепых страстей и поспешных решений.

Луна в Тельце с Луной в Водолее

Это не самое гармоничное сочетание. В нем сосуществуют неподвижность и экспериментальный метод, чувство собственничества и чувство свободы. Материализм ослабляется или ставится на службу более широким идеалам, поскольку возникает потребность чувствовать себя полезным обществу.

Луна в Тельце с Луной в Рыбах

Это гибкие и неторопливые, альтруистические отношения. Предпринимательский и авторитарный дух практически отсутствует, тенденция скорее уступать, чем навязывать.

Асцендент Телец

Все положительные и отрицательные характеристики знака приобретают чрезмерный аспект, который необходимо тщательно держать под контролем, чтобы не стать человеком, от которого все будут стараться убежать.

 Упорство может превратиться в упрямство, здравый смысл - в тупой конформизм, желание обладать - в садизм, а ревность - в желание доминировать.

Кроме этих излишеств, у людей с высоким духовным уровнем это сочетание может довести терпение до уровня освящения, и нередко среди этих уроженцев встречаются люди, полностью преданные другим, готовые понять любую их нужду и поспешить на помощь.

Телец с восходящим Овном

Импульсивность и рациональность, идеально дозированная, могут далеко зайти, если не переборщить с основными характеристиками. Человек теряет большую часть своей рефлексивной мудрости в пользу более предприимчивого поведения без типичной для Тельца тяжеловесности.

Он повышает смелость с некоторым чувством обреченности, но также и с оптимизмом. Этот человек не довольствуется только яйцом, а хочет немедленно получить курицу.

Жизненная сила Овна, которая в чистом виде может представлять собой нечто дрейфующее, вместо этого становится эффективным стимулом в момент действия, поскольку помогает Тельцу принимать мгновенные и почти всегда оптимальные решения.

Даже энтузиазм подчеркивается и заставляет их терять ту твердость, которая в противном случае привела бы к упрямству. Их отношение к любви становится более динамичным и менее собственническим.

Телец с восходящим Тельцом

Здесь максимально проявляются их хорошие качества и упрямство. Телец упрям, так что представьте себе упрямство в квадрате.

Это его единственный минус, все остальное очень хорошо. Он будет самым милым, добрым, любящим, внимательным, заботливым, хорошим другом, верным человеком на свете.

Что касается работы, то он, безусловно, выделяется своим умением продавать и вести все виды бизнеса.

Телец с восходящими Близнецами

Это очень хорошее сочетание, которое дает преимущества как для мира чувств, так и для интеллекта. У первого появляется возможность более глубокого восприятия, а у второго - обостренного ощущения реальности. Мало того, такой человек сможет гораздо легче ориентироваться в мире, не теряя при этом из виду своих целей и потребностей. Стимулируются даже духовные аспекты.

Телец с восходящим Раком

Это довольно гармоничное сочетание, которое придает Тельцу некую мягкость, а настойчивость трансформируется в пассивное сопротивление перед лицом невзгод или неудач в целом.

С негативной стороны, это может привести к поведению, основанному на мелких корыстных интересах, которые превалируют над всем остальным.

В целом усиливается потребность в собственном доме, единой семье и, прежде всего, в том, чтобы не отступать от традиций и кодифицированных моделей поведения в обществе. Этот Телец будет очень заботиться обо всех, особенно о своей семье и партнере.

Телец с восходящим Львом

В этом сочетании мы находим менее жесткую личность, чем чистый Телец, но в равной степсни способную делать длинные, выверенные шаги на пути к успеху.

Только от их личного уровня зависит, будут ли они ставить перед собой высокие цели, обесчеловечивать себя в погоне за собственностью или посвящать себя филантропии.

Однако потребность обладать становится все более явной, и ничто и никто не сможет помешать развитию этого чувства. Желание социального утверждения ощущается в полной мере и толкает на любые поступки. Лев более современен и открыт для всего, что еще больше подстегнет Тельца. Тельцу свойственны комфорт, домашний уют и традиционность. Лев очень активен, современен и любит постоянную деятельность, поэтому он усилит эту составляющую в Тельце.

Телец с восходящей Девой

В данном случае мы имеем дело с очень предприимчивым человеком, но с более скромными взглядами на свое будущее. Тельцы, как правило, трудолюбивы, но при этом довольно критично относятся ко всему, что испытывают впервые и что превосходит их личные представления о жизни. Следовательно, каждый их шаг будет проходить под знаком здравого смысла и обдуманности. Дева привнесет в жизнь Тельца больше серьезности и ответственности. Это пойдет вам на пользу, так как сделает Тельца более организованным и аналогичным. Она внесет порядок в жизнь и работу Тельца. Это, несомненно, приучит его работать по плану и ничего не забывать. Вы можете меньше общаться и вести более упорядоченную жизнь. Это также поможет вам лучше следить за тем, что и как вы едите. Потребность Девы в здоровом образе жизни и здоровом питании очень хорошо подойдет чревоугоднику Тельцу.

Телец с восходящими Весами

Что касается чистого Тельца, то в этом сочетании отношения с окружающими имеют больший вес, и поэтому совместные действия могут стать источником небольшого внутреннего кризиса. Эта комбинация может быть смертельно опасной, так как Весы превратят Тельца в человека, полностью погруженного в мир и ночной отдых. Для Весов характерно превращение жизни в постоянный праздник.

Телец восходящий Скорпион

Два разных источника страсти могут дать жизнь неопределенно опасному или, по крайней мере, сложному союзу. Инстинктивная природа Тельца находит в Асцендент Скорпиона более импульсивный, но и более драматичный выход, который может создать личность, находящуюся в постоянном контрасте с самой собой, переходящую от эмоциональности к постоянному размышлению над проблемами, которые она не в состоянии решить. Скорпион усилит сексуальную сторону Тельца. Скорпион обладает сверхчувственной и духовной сексуальностью, что привнесет в жизнь Тельца еще больше чувственности. Тельцу пригодятся аналитические способности Скорпиона, которые сделают его непогрешимым в бизнесе. Скорпион привнесет в его жизнь потребность ежедневно заниматься спортом и быть в форме.

Телец с восходящим Стрельцом

Перед нами человек, который, сохраняя основные черты Тельца, умеет подниматься над материей и, следовательно, способен достичь отличного духовного уровня, а также жизненной самореализации выше среднего. Авантюрный и много путешествующий Стрелец заставит Тельца с большей охотой отправиться в путешествие и на поиски приключений, чего Телец обычно не делает. Телец комфортен, любит роскошь и хорошие отели, а Стрелец способен переночевать где угодно, положить рюкзак на спину и двигаться вперед. Возможно, это придаст комфортному Тельцу больше желания путешествовать и заниматься спортом.

Телец с восходящим Козерогом

Плодородная почва и консолидированный грунт объединяются в союз редкой прочности, но и чрезмерной твердости.

Их сила воли необычайно велика и проявляется во всех сферах, в которых этот человек хочет преуспеть, где он сможет осуществить все, что задумал. Этот Телец будет как никогда требовательным, ответственным и строгим. Это пойдет вам на пользу, так как вы будете более скрупулезны в работе, более упорядочены и организованы. Оба они - любители роскоши, хороших домов, классики и традиций.

Телец с восходящим Водолеем

Множество внутренних конфликтов делают этого человека довольно сложным существом, в котором стремление к будущему и к любым экспериментам постоянно вступает в противоречие со здравым смыслом и надежностью уже устоявшихся вещей. Поэтому трудно понять мотивы его поведения. Он может казаться одновременно и самым современным человеком в мире, и самым отсталым. У Водолея есть качества, которых нет у Тельца, и это ему очень поможет. Он выведет Вас из зоны комфорта в поисках современного, новаторского, откроет глаза на незнакомые предметы, которых у Тельца обычно нет.

Водолей противоположен Тельцу в том, что касается либеральности, открытости, независимости, и будет дополнять Тельца очень интересным образом.

Телец, восходящий Рыбы

Это интересный союз Земли и Воды, который может сделать эту личность уникальной. Мы имеем дело с совершенно аномальным Тельцом. Эта комбинация совершенно иная. Рыбы очень креативны, идеалистичны и причудливы, поэтому они принесут Тельцу любовь к искусству, которой ему так не хватает. Это откроет его интерес к таким мероприятиям, как концерты и выставки, которые Тельцу обычно не нравятся.

Любовь на расстоянии и знаки зодиака.

Отношения на расстоянии существовали всегда, но в наше время все чаще встречаются пары, состоящие в отношениях на расстоянии, что обусловлено, в частности, развитием технологий.

Такие отношения могут приносить нам много радости, но и много психологических конфликтов.

Когда человек влюбляется таким образом, у него возникает ряд ожиданий, которые, если не оправдаются, могут закончиться разочарованием. Если отношения, в которых мы ежедневно живем вместе, требуют заботы, чтобы любовь не умерла, то отношения на расстоянии требуют гораздо большего внимания.

Все люди и отношения у них разные, но в целом общаться очень важно, потому что в любых отношениях общение — это ключ к успеху.

Не все знаки зодиака одинаково относятся к отношениям на расстоянии, поэтому давайте посмотрим, что говорит астрология по этому поводу:

Овен: Ваша страсть всегда заметна, но вдали от любимого человека она усиливается. Борьба за то, чтобы быть с партнером, является испытанием любви, но часто кажется проявлением Вашей неспособности к адаптации.

Телец: неважно, сколько километров отделяет Вас от любимого человека, Вы всегда будете бороться за эту любовь. Но если ваша вторая половинка перестанет выходить с вами на связь без всякой причины, вы воспримете это как пренебрежение и исчезнете из вашей жизни.

Близнецы: Вы требуете ежедневной информации о своем партнере, чтобы он звонил Вам и подробно рассказывал, где он находится и что делает, даже если это незначительно. Вы стремитесь к таким отношениям, в которых есть доверие, где бы вы ни находились.

Рак: Несчастье, так как единственное пространство, которое обеспечивает безопасность в Вашей романтической жизни, — это дом. Вы очень нежны, и это подчеркивается, когда вы скучаете по тому, кто украл ваше сердце.

Лев: Для Вас это конфликт, поскольку Вы не можете представить себе, что Ваш партнер может отсутствовать, Ваше эго слишком велико. Вам необходимо контролировать отношения. Расстояние не привлекает Вас надолго, и Вы склонны чувствовать себя ограниченным.

Дева: Вы плохо переносите расстояния, потому что, хотя вы не зависите ни от кого, чтобы сделать себя счастливым, когда вы влюбляетесь, вы отправитесь на край земли, чтобы быть с человеком, который вызывает у вас бабочек в животе.

Весы: Будучи таким романтиком, Вы будете время от времени признаваться в любви, чтобы поддержать возбуждение. Иногда Вам придется контролировать себя, чтобы не поддаться искушению быть неверным.

Скорпион: это будет страстная драма, поскольку отсутствие не разрушает Вашу сентиментальную жизнь, а только монотонность. Вам также нравятся разлуки, окрашенные мелодрамой.

Стрелец: Границы для Вас не предел. Вы очень ласковы, а когда Ваша половинка находится далеко, то еще больше. Вы будете посылать письма и открытки, напоминая ему или ей, как сильно Вы их любите и скучаете по ним.

Козерог: все время, пока длятся отношения на расстоянии, Вы будете строить планы, ориентированные на будущее, что порождает надежду и заставляет Вас чувствовать себя живым. Ваша цель - жить рядом с этим человеком, и вы будете представлять себе это ежедневно.

Водолей: Временами Вам хочется быть рядом с партнером, чтобы строить совместные планы, а в другое время Вы жаждете пространства для расширения своей индивидуальной жизни. Будучи любителем свободы, Вы не испытываете никаких проблем.

Рыбы: Романтики, для Вас привычно, что любовь расцветает, даже если Ваш партнер находится на другом конце света. Расстояние — это возможность для страсти и тоски по любви. Вы отдаете себя полностью, даже если на пути стоят семь морей.

Расставание в паре - можно ли вернуть любовь?

Одно из самых печальных событий в сфере чувств - расставание с партнером. Не все проблемы пар можно решить, иногда у нас нет вариантов, и мы должны завершить отношения и начать новый цикл.

Расставание может вызвать настолько сильное потрясение, что это приводит к унынию, отсутствию аппетита и сна, а во многих случаях даже к посттравматическому стрессовому расстройству. Этот неприятный опыт может снизить самооценку и заставить вас бояться смотреть в будущее.

Однако, всегда помня о причине разрыва, расставание не обязательно должно быть вечным, оно не обязательно означает, что отношения закончены и что шансов на спасение романа нет.

Всегда нужно думать о том, стоит ли возобновлять отношения и есть ли больше причин для того, чтобы оставаться вместе, чем для того, чтобы оставаться врозь. Взвешивайте все "за" и "против", т. е. анализируйте, больше ли положительных моментов, чем отрицательных. За время разлуки научитесь видеть положительные моменты и задайте себе вопрос: что было истинной причиной этого события? Если вы хотите вернуть любимого человека, вы должны осознать, какой вклад вы внесли в отношения, проанализировать себя.

Во время разлуки не теряйте связь со своей лучшей половиной, но старайтесь соблюдать баланс в общении, чтобы дать ей время соскучиться по вас, а также чтобы у нее было свое пространство, и она не чувствовала себя задушенной. Сосредоточьтесь на общих вопросах.

Старайтесь жить здесь и сейчас, не связывайте свое счастье с тем моментом, когда вы сможете встретиться снова, потому что это может произойти, а может и никогда не произойти. Независимо от Ваших желаний, если она размышляет и расходится, Вам придется признать реальность.

Ведите себя так, чтобы со временем вы чувствовали гордость за принятое решение. В таких ситуациях очень важно проявлять терпение: возможно, у другого человека есть сомнения, и он не торопится наблюдать за вами и думать, поэтому продолжайте жить своей жизнью, встречайтесь с друзьями, общайтесь с семьей, делайте упражнения, чтобы направить негативную энергию, укрепить уверенность в себе и сохранить хорошее настроение.

Многие люди легко преодолевают эти травмы, и астрология здесь тоже имеет свою гипотезу. Знаки, принадлежащие к стихии Воздуха, т. е. Близнецы, Весы и Водолей, очень быстро переживают любовные разрывы, их сердца недолго остаются разбитыми, и они будут искать тысячу способов, чтобы занять себя и перестать думать о сложившейся ситуации.

Водные знаки, Рак, Скорпион и Рыбы, всегда готовы пересмотреть любое решение, они умеют вернуться к нормальной жизни, стереть душевную боль и начать все с чистого листа. Здесь стоит уточнить, что, если была измена, Скорпионы ее не прощают и не забывают.

Примирение — это длительный процесс роста и изменений, требующий усилий, терпения и модификации поведения, но любовь — это самое сильное и чистое чувство, которое только может быть, и за него стоит бороться.

Это сила, позволяющая преодолеть все препятствия, она делает нас сильными и нежными одновременно. Если вы хотите бороться за кого-то из своего сердца, сделайте это.

Кто является вашей второй половинкой в соответствии с вашим знаком зодиака?

Когда мы слышим термин "родственные души", мы обычно думаем о них как о партнерах, т. е. о тех, с кем у вас есть сильная сентиментально-сексуальная связь. Однако настоящие родственные души не всегда относятся друг к другу подобным образом и часто даже не заинтересованы в сексуальном аспекте отношений.

Вашей родственной душой может быть не только ваш партнер, но и ваш родитель, друг, ребенок, бабушка, дедушка, начальник или сестра.

С астрологической точки зрения и с учетом того, что уроки, которые мы должны усвоить, прежде чем достигнуть следующего духовного уровня, определяют те аффективные отношения, которые нам необходимо развивать в жизни сегодня, можно сказать, что Рак и Рыбы - родственные души Овна.

С Раком и Рыбами Арии могут не только лучше концентрироваться и разрешать конфликты без насилия, но и развивать эмпатию, т. е. способность ставить себя на место другого и учиться делиться. Эти два знака не любят конфликтов, а если они все же возникают, то предпочитают диалог любому эпизоду жестокости. Овен может научить Рака и

Рыб не нуждаться в одобрении окружающих, быть более рискованными, не пытаться угодить всем, т. е. быть более напористыми.

Чувственный Телец, враг перемен, врожденный инертный человек, имеет в качестве родственной души Стрельца и Близнецов - два знака, которые знают, что жизнь — это увлекательное, но не статичное путешествие. Они могут научить Тельца, что не нужно оставаться там, где уже не нужно, боясь неопределенности, и что всегда будут возникать определенные ситуации или обстоятельства, которых мы не ожидаем и не в силах их изменить.

Тельцу также есть чему научить эти знаки. Уроки силы воли, обязательства перед другими людьми, преданности своему делу и упорства в доведении его до конца, без спешки и медлительности. Иметь принципы и быть благоразумным.

Лев может сбалансировать много кармы со своими родственными душами, принадлежащими к Весам и Водолею. Лев может упрямо отстаивать ошибочные идеи или убеждения из тщеславия; Весы и Водолей знают, что за эгоцентризмом скрывается низкая самооценка.

Весы научат Льва хладнокровию и терпимости, использованию аргументации и дипломатии для поддержания ровного общения. Водолей, противоположный Льву знак, наделенный объективностью и справедливостью суждений, так как не подвержен предрассудкам, научит Льва заглядывать в душу человека, предлагать свое плечо и говорить сочувственные слова в трудную минуту.

Лев никогда не колеблется при принятии решений, а если и колеблется, то не показывает этого, что Весам следует взять на вооружение. Верность - отличительная черта Льва, о чем Водолей не знает, и маленькие львята могут дать ему уроки нравственности.

Девы, известные как перфекционисты из-за их огромного страха перед неудачей, имеют в качестве родственных душ Скорпиона и Козерога. Дева любит быть строгой в своих решениях и имеет прототип практически во всех аспектах своей жизни.

Такая избирательность мешает им следовать за движением жизни. Дева будет буквально разрывать на части весь проект, если посчитает, что он изначально не был идеальным, чего никогда не сделает Козерог, поскольку его видение позволяет ему увидеть, что всегда можно предпринять альтернативные шаги, не начиная все сначала. Козерог - знак, уверенно чувствующий себя в собственном пространстве, он не принимает бессмысленных решений, как это иногда делает Дева. Скорпион способен смягчить худшее и усилить лучшее в Деве. И Скорпиону, и Деве свойственен практический подход к жизни, однако Скорпионы гораздо более жизнелюбивы, чем Девы.

Скорпион принесет решительность, которой не хватает Деве, а Дева - контроль и рациональность страстному Скорпиону. Дева сделает Козерога более приятным и игривым в общении и оградит его от излишней серьезности, которую он часто демонстрирует на своем лице.

Какой знак зодиака является самым управляемым?

Контроль дает нам ощущение безопасности, но проблема в том, что мы не можем контролировать подавляющее большинство вещей, происходящих в нашей жизни, или других людей, и попытки контролировать их приводят лишь к усилению стресса и конфликтов.

Контролирующие люди считают, что они знают, что хорошо для окружающих, и могут стремиться к пассивному или даже косвенному доминированию. В зависимости от вашего знака Зодиака вы будете обладать определенным способом управления и будете более или менее агрессивны в этом отношении.

Овны: они склонны считать себя выше, умнее и эффективнее. Отсюда их потребность все контролировать. Они считают, что должны быть главными, потому что другие не знают, как правильно решить ту или иную проблему.

Тельцы: они считают себя вправе вторгаться в пространство окружающих. Они обесценивают успехи друг друга, относятся к контролируемому человеку как к неспособному и даже пытаются его изменить.

Близнецы: этот знак умен и часто умеет взять бразды правления в свои руки, не замечая этого. Они не воспринимают другого человека как свободного, но должны зависеть от него и от каждого его приказа.

Рак: они считают, что должны контролировать мельчайшие детали всего, что движется вокруг них. Все должно быть спланировано и организовано в соответствии с их решениями с особой строгостью. И, конечно же, они убеждены, что их способ ведения дел - лучший.

Лев: пытается любыми способами заставить другие ситуации и поведение людей соответствовать тому, что он считает правильным. Другой элемент, который они используют, — это угрозы, прямые или косвенные, например, наказания или последствия, если вы не сделаете то, что говорит Лев.

Дева: они даже вмешиваются в чужие разговоры. Они постоянно критикуют других и очень подозрительны. Они также могут попытаться вовлечь Вас в свой круг друзей и родственников, сделав его единственным местом общения.

Весы: если бы это было возможно, они бы контролировали кровообращение каждого важного человека в своей жизни. Они ведут себя так, как будто это совершенно нормально - предугадывать решения друг друга и самим принимать их за другого человека. Оправданием может служить желание не тратить время впустую или делать то, что выгодно всем.

Скорпион: контролирует вас, очень тонко изолируя от друзей или семьи. Они могут жаловаться на то, как часто мы общаемся с членами нашей семьи, или говорить, что они их не любят. С другой стороны, они также могут постоянно обвинять Вас в том, что Вы ничего не умеете делать.

Стрелец: Он помешан на контроле, потому что он не контролирует все время, и он очень умен в этом. Он не стесняется давать советы другим, даже если они их не просят, потому что считает, что лучше других знает, как им следует поступить.

Козероги: они часто умеют использовать чувство вины, чтобы добиться от других того, чего они хотят. Они очень патерналистски настроены, прибегая к этому механизму, чтобы скрыть свою попытку власти или контроля над другим.

Водолей: они не выносят незнания того, что произойдет или каким будет будущее. Они считают, что другие люди несовершенны во всех отношениях. Они испытывают тревогу и расстройство, когда все идет не так, как они себе представляли. Им нравится, когда в них нуждаются, потому что они чувствуют себя хозяевами положения, и это их успокаивает.

Рыбы: Вы склонны контролировать вещи или людей с помощью эмоциональных стратегий. Будучи чувствительным, он может быть экспертом в эмоциональном шантаже. Он апеллирует к доверию, которое испытывает к нему другой человек, и в итоге использует его в качестве аргумента, когда берет на себя инициативу в принятии решений.

Принять мысль о том, что мы не всегда можем знать, что произойдет, или контролировать все, может быть непросто.

Зачастую такая попытка контроля, особенно в супружеских парах, проистекает из страха быть покинутым. Следует помнить, что одной из основ устранения этого страха, как в паре, так и в других сферах жизни, является доверие и общение, раскрытие своих страхов и предоставление другому человеку возможности свободно выражать свое мнение.

Об авторе

Помимо астрологических знаний, Алина Руби
обладает богатым профессиональным
образованием: она имеет сертификаты по
психологии, гипнозу, Рейки, биоэнергетическому
исцелению кристаллами, ангельскому
целительству, Таро, толкованию снов и является
духовным инструктором. Руби обладает знаниями
в области геммологи, которые она использует для
программирования камней или минералов и
превращения их в мощные амулеты или
талисманы защиты.

Рубину отличает практичность и нацеленность на
результат, благодаря чему она обладает особым,
интегративным взглядом на различные миры, что
облегчает ей поиск решений конкретных проблем.
Алина пишет ежемесячные гороскопы для сайта
Американской ассоциации астрологов, которые
можно прочитать по адресу www.astrologers.com.
В настоящее время она ведет еженедельную
колонку в газете El Nuevo Herald, посвященную

духовным вопросам, которая выходит каждое воскресенье в цифровом виде и по понедельникам в печатном. Кроме того, ведет программу и еженедельный "Гороскоп" на YouTube-канале газеты. Ее астрологический ежегодник ежегодно публикуется в газете "Diario las Américas" под рубрикой Rubi Astrologa.

Руби написала несколько статей по астрологии для ежемесячного издания "Today's Astrologer", вела занятия по астрологии, Таро, чтению ладоней, исцелению кристаллами и эзотерике. На ее канале в YouTube: Rubi Astrologa еженедельно выходят видеоролики на эзотерические темы. Она вела собственное астрологическое шоу на телеканале Flamingo T.V., давала интервью нескольким теле- и радиопрограммам, ежегодно публикует "Астрологический ежегодник" с гороскопом по знакам и другими интересными мистическими темами.

Она является автором книг "Рис и бобы для души", часть I, II и III, сборника эзотерических статей, изданных на английском, испанском, французском, итальянском и португальском языках. Деньги для всех карманов", "Любовь для всех сердец", "Здоровье для всех тел",

Астрологический ежегодник 2021, Гороскоп 2022, Ритуалы и заклинания для успеха в 2022 году, Заклинания и секреты, Астрологические классы, Классы Таро, Эзотерические классы, Любовь и совместимость знаков Зодиака, Ритуалы и амулеты 2023 и Китайский гороскоп 2023 - все это доступно на пяти языках: английском, итальянском, французском, японском и немецком.

Руби свободно владеет английским и испанским языками и сочетает в своих выступлениях все свои таланты и знания. В настоящее время она проживает в Майами, штат Флорида.

Более подробную информацию можно получить на сайте: www.esoterismomagia.com

Библиография

Использованы статьи, опубликованные одним из авторов в газете Nuevo Herald.